智能网联汽车专业岗课赛证融通系列教材
丛书主编　徐念峰　詹海庭

智能网联汽车计算平台测试装调

组　编　中国汽车工程学会　国家智能网联汽车创新中心

主　编　冯志新（北京电子科技职业学院）
　　　　刘彦博（上海交通大学）

副主编　孙立强（北京智行者科技有限公司）
　　　　吕江毅（北京电子科技职业学院）

参　编　张华磊（北京电子科技职业学院）
　　　　刘　阳（华为技术有限公司）
　　　　苏菲菲（阿波罗智能科技（北京）有限公司）
　　　　舒　杰（安谋科技（中国）有限公司）
　　　　孙伟奇（心动互动娱乐有限公司）
　　　　陈　栋（中国电子科技集团公司第五十研究所）
　　　　孙全伟（北京九州华海科技有限公司）
　　　　王　磊（蔚蓝研创（北京）科技有限公司）
　　　　阎华明（上海盛子智能科技有限公司）
　　　　徐　阳（上海汽车集团股份有限公司乘用车分公司）
　　　　杜春润（上海盛心杰缘智能科技有限公司）
　　　　陈思聪（卡斯柯信号有限公司）

主　审　於　涛（国汽（北京）智能网联汽车研究院有限公司）

随着无人驾驶技术的发展，智能网联汽车计算平台在智能驾驶中的作用也愈发重要。本书是智能网联计算平台测试应用与调试开发的初级教材，主要介绍了智能计算平台的架构、搭建、拆装、应用开发等相关知识。全书共 8 章，以学习任务为出发点贯穿教学，通过任务导入、任务分析、任务资讯、任务准备、任务实施、任务检查与评价逐层深入实践。本书内容包括智能网联车载计算平台的基础知识、框架结构和硬件认知，Python 语言和 Linux 系统的相关操作和基础知识，华为 MDC 300F 平台和智行者计算平台的拆装与调试，以及相关软件的环境部署和操作技巧。

本书可作为大专院校智能网联汽车相关专业师生的教材和参考书，也可供汽车使用、维修、检测和管理等行业的相关人员学习参考。

图书在版编目（CIP）数据

智能网联汽车计算平台测试装调 / 中国汽车工程学会，国家智能网联汽车创新中心组编；冯志新，刘彦博主编.
— 北京：机械工业出版社，2022.6（2024.7重印）
智能网联汽车专业岗课赛证融通系列教材
ISBN 978-7-111-70980-0

Ⅰ.①智… Ⅱ.①中… ②国… ③冯… ④刘… Ⅲ.①汽车 – 智能通信网 – 计算 – 测试平台 – 设备安装 – 教材②汽车 – 智能通信网 – 计算 – 测试平台 – 调试方法 – 教材 Ⅳ.①U463.67

中国版本图书馆CIP数据核字（2022）第099179号

机械工业出版社（北京市百万庄大街22号 邮政编码100037）
策划编辑：邢 琛   责任编辑：丁 锋
责任校对：史静怡 贾立萍   责任印制：单爱军
北京虎彩文化传播有限公司印刷

2024年7月第1版第3次印刷
184mm×260mm・11.25印张・163千字
标准书号：ISBN 978-7-111-70980-0
定价：49.90元

电话服务   网络服务
客服电话：010-88361066   机 工 官 网：www.cmpbook.com
　　　　　010-88379833   机 工 官 博：weibo.com/cmp1952
　　　　　010-68326294   金 书 网：www.golden-book.com
封底无防伪标均为盗版   机工教育服务网：www.cmpedu.com

智能网联汽车专业岗课赛证融通系列教材
编 审 委 员 会

顾　问　付于武（中国汽车工程学会终身名誉理事长）
　　　　　李　骏（中国工程院院士 清华大学教授）
　　　　　李志宏（教育部高等教育评估中心原副主任）

主　任　张进华

副主任　闫建来　严　刚　楼志刚

委　员　徐念峰　尹万建　关志伟　张成山　李　雷
　　　　　朱福根　解　云　李晶华　刘学军　董铸荣
　　　　　缑庆伟　陈黎明　张红英　于万海　梁洪波
　　　　　孔春花　弋国鹏　吴书龙　赵玉田　刘卫国
　　　　　詹海庭　徐月云　袁　杰

丛书序 FOREWORD

　　进入21世纪以来，我国汽车产销逐渐从爆炸式增长发展为稳步增长，已经成为世界最大的汽车生产国和主要的汽车消费国，到2023年底，我国的汽车年产销量分别达3016.1万辆和3009.4万辆，步入了汽车社会。2020年2月10日，国家发展和改革委员会、科学技术部、工业和信息化部等11个部门联合印发了《智能汽车创新发展战略》，旨在加快推进智能汽车的创新发展。2021年2月，在国务院印发的《国家综合立体交通网规划纲要》中特别提到：推进智能网联汽车（智能汽车、自动驾驶、车路协同）应用，推动智能网联汽车与智慧城市协同发展。在政策、技术与市场等多重因素的影响下，汽车这一传统产业与能源、交通、信息通信等领域有关技术加速融合，正在形成电动化、智能化、网联化的发展格局。智能网联汽车的发展已经进入快车道。目前，国内职业院校汽车专业人才培养供给难以满足智能网联汽车产业发展需求。为了给社会培养更多有用的人才，近年来，国内职业院校的智能网联汽车技术专业在迅速扩充规模的同时积极探索新的人才培养模式、课程体系，积极探索行动导向教学法，以实现培养适应新汽车技术人才的需要。

　　2021年4月，中国汽车工程学会、国家智能网联汽车创新中心发布了全国职业院校《智能网联汽车专业建设白皮书（2021版）》，为职业院校智能网联汽车技术专业建设提供了思路。2020年，教育部职业技术教育中心研究所公示了第三批职业教育培训评价组织和职业技能等级证书名单，智能网联汽车测试装调职业技能等级证书正式公布。为满足行业对智能网联汽车技术专业人才的需求，促进高职院校智能网联汽车技术专业建设、推动智能网联汽车职业技能等级证书认证制度，特开发了智能网联汽车专业岗课赛证融通系列教材。该系列教材根据智能网联汽车测试装调职业技能等级证书标准要求，分为初、中、高级教材，其中初级教材囊括了《智能网联汽车计算平台测试装调》《智能网联汽车智能传感器安装与调试》《智能网联汽车智能座舱系统测试装调》和《智能网联汽车底盘线控执行系统安装与调试》4种，主要从智能网联汽车各系统装调为主进行介绍。同时，该系列教材从岗位需求出发，以就业为导向，以实践技能为核心，倡导以学生为本位的培养理念，立足 2021 年教育部颁布的职业教育专业目录，体现新时代汽车产业"智能化、网联化、电动化、共享化"发展对汽车生产制造和售后服务等岗位（群）要求，将综合性和案例性的实践活动转化成教材内容，帮助学生积累实际工作经验，全面提高学生的职业实践能力和职业素养。

因此，本系列教材按照智能网联汽车专业岗位的职业特点和职业技能要求，务求探索和创新：

1）立足先进的职业教育理念，紧跟汽车新技术的发展步伐，结合智能网联汽车技术专业的职业面向、培养目标和与之对应的课程体系、教学体系进行教材内容设置，及时反映产业升级和行业发展需求，体现新知识、新技术、新工艺、新方法、新材料。

2）全面贯彻落实《国家职业教育改革实施方案》，充分借鉴"双元制"先进职业教学模式，采用"校企合作"编写模式。

3）本系列教材根据智能网联汽车行业职业需求和岗位要求，依据汽车行业的能力标准和"1+X"证书技能等级鉴定标准组织相应内容，采用"行动导向、任务引领、学做结合、理实一体"的原则进行教学任务设计，突出体现了以学生为主体，强调学生在做中学，实现了理实一体化教学模式。

4）随着时代的发展，本系列教材强化了学生实习实训内容，并配套开发了信息化资源，适应了"信息化＋职业教育"的发展需求，运用现代信息化技术改进了教学方式方法。

本系列教材响应国家 1+X 证书制度试点工作，采用活页式教材形式编写，从岗位任务和岗位技能需求出发，培养学生职业岗位技能，实现课程内容与职业技能的融合，技术能力与工作岗位对接、实习实训与顶岗工作学做合一，使学生在学习和实践中了解职业及岗位，培养良好的职业道德和职业素养。

本系列教材在中国汽车工程学会的组织引导下，由多所职业院校教师共同参与完成，其间得到了广大企业及相关合作单位的支持和指导，是智能网联汽车技术专业职业教育领域集体劳动的成果和智慧结晶。在此，谨对付出辛勤劳动的作者表示衷心感谢。

智能网联汽车测试装调职业技能等级证书系列教材研发组

前　言　　PREFACE

2020年2月10日，国家发展和改革委员会、科学技术部、工业和信息化部等11个部门联合印发了《智能汽车创新发展战略》，旨在加快推进智能汽车的创新发展。2021年2月，国务院印发《国家综合立体交通网规划纲要》，特别提到：推进智能网联汽车（智能汽车、自动驾驶、车路协同）应用，推动智能网联汽车与智慧城市协同发展。在政策、技术与市场等多重因素的影响下，汽车这一传统产业与能源、交通、信息通信等领域有关技术加速融合，正在形成电动化、智能化、网联化的发展格局。智能网联汽车的发展已经进入快车道。目前，国内高职院校汽车专业人才培养的供给难以满足智能网联汽车产业发展的需求。

2021年4月，中国汽车工程学会、国家智能网联汽车创新中心发布了全国职业院校《智能网联汽车技术专业建设白皮书2021》，为职业院校智能网联汽车技术专业建设提供了思路。为了满足行业对智能网联汽车技术专业人才的需求，促进高职院校汽车专业的建设，我们编写了本书。本书具有以下特点：

1）立足先进的职业教育理念，紧跟汽车新技术的发展步伐，结合智能网联汽车技术专业的职业取向、培养目标和与之对应的课程体系、教学体系进行教材内容设置，及时反映产业升级和行业发展需求，体现新知识、新技术、新工艺、新方法、新材料。

2）采用学习任务式编写体例。每一个学习任务都对应有相关的任务驱动，且配备有对应的技能操作步骤，可操作性强。

3）以就业为导向，以职业能力培养为核心，注重学生实践应用能力的培养和技能的提升，使学生培养过程实现"理实一体"，旨在为行业培养高素质的汽车智能技术技能人才。

本书结合教育部等四部门印发的《关于在院校实施"学历证书+若干

职业技能等级证书"制度试点方案》，推进与"1+X"的有机衔接，提升职业教育质量和学生就业能力。本书响应国家"1+X"证书制度试点工作，采用活页式教材形式编写，以全面素质为基础，以职业能力为本位，从岗位任务和岗位技能需求出发，培养学生职业岗位技能，实现课程内容与职业技能的融合、技术能力与工作岗位的对接、实习实训与顶岗工作学做合一，使学生在学习和实践中了解职业及岗位，培养良好的职业道德和职业素养。

本书在编写过程中大量参考了华为、百度、英伟达、安谋科技、亚马逊、迈斯沃克、恩智浦、盛心杰缘智能科技、九州华海科技、盛子智能科技等知名公司的工程技术专家提供的资料，具备一定的先进性和工程性。

由于编者水平有限，本书内容的深度和广度尚存在欠缺，欢迎广大读者予以批评指正。

编　者

全书资源总码

活页式教材使用注意事项

 根据需要，从教材中选择需要夹入活页夹的页面。

小心地沿页面根部的虚线将页面撕下。为了保证沿虚线撕开，可以先沿虚线折叠一下。注意：一次不要同时撕太多页。

 选购孔距为80mm的双孔活页文件夹，文件夹要求选择竖版，不小于B5幅面即可。将撕下的活页式教材装订到活页夹中。

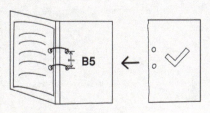

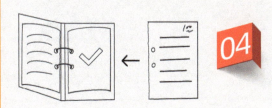

也可将课堂笔记和随堂测验等学习资料，经过标准的孔距为80mm的双孔打孔器打孔后，和教材装订在同一个文件夹中，以方便学习。

温馨提示：在第一次取出教材正文页面之前，可以先尝试撕下本页，作为练习。

目 录 CONTENTS

丛书序
前 言

学习任务 1
计算平台认知
001

1.1	任务导入	…001
1.2	任务分析	…001
1.3	任务资讯	…002
1.4	任务准备	…011
1.5	任务实施	…011
1.6	任务检查与评价	…012

学习任务 2
计算平台架构认知
014

2.1	任务导入	…014
2.2	任务分析	…014
2.3	任务资讯	…014
2.4	任务准备	…022
2.5	任务实施	…023
2.6	任务检查与评价	…024

学习任务 3
计算平台硬件认知
025

3.1	任务导入	…025
3.2	任务分析	…025
3.3	任务资讯	…026
3.4	任务准备	…040
3.5	任务实施	…041
3.6	任务检查与评价	…042

XI

学习任务 4
Python 基础知识
043

4.1	任务导入	...043
4.2	任务分析	...043
4.3	任务资讯	...043
4.4	任务准备	...056
4.5	任务实施	...057
4.6	任务检查与评价	...071

学习任务 5
Linux 基础知识
072

5.1	任务导入	...072
5.2	任务分析	...072
5.3	任务资讯	...072
5.4	任务准备	...084
5.5	任务实施	...084
5.6	任务检查与评价	...089

学习任务 6
华为 MDC 300F 平台的拆装与调试
090

6.1	任务导入	...090
6.2	任务分析	...090
6.3	任务资讯	...091
6.4	任务准备	...106
6.5	任务实施	...107
6.6	任务检查与评价	...114

学习任务 7
智行者计算平台的拆装与调试
115

7.1	任务导入	...115
7.2	任务分析	...115
7.3	任务资讯	...115
7.4	任务准备	...120
7.5	任务实施	...121
7.6	任务检查与评价	...126

学习任务 8 软件部署 127

8.1	任务导入	...127
8.2	任务分析	...127
8.3	任务资讯	...128
8.4	任务准备	...132
8.5	任务实施	...133
8.6	任务检查与评价	...141

附录 评价标准 143

附录 A	计算平台认知评分标准	...143
附录 B	计算平台架构认知评分标准	...145
附录 C	计算平台硬件认知评分标准	...147
附录 D	Python 基础知识评分标准	...149
附录 E	Linux 基础知识评分标准	...151
附录 F	华为 MDC 300F 平台的拆装与调试评分标准	...153
附录 G	智行者计算平台的拆装与调试评分标准	...155
附录 H	软件部署评分标准	...157

参考文献 159

学习任务 1
计算平台认知

1.1 任务导入

最近,组装车间新来的一名技术员对于计算平台不太了解,你作为一名资深技术员,需要准确地向他介绍什么是计算平台,并说明它的作用是什么。

1.2 任务分析

知识目标	1. 了解计算平台的角色定位。 2. 了解计算平台的现状及发展历程。 3. 了解计算平台的等级。 4. 了解车载计算单元电子芯片的发展趋势。
技能目标	1. 能够独立讲解计算平台的含义。 2. 能够独立叙述计算平台的发展趋势。 3. 能够讲解域控制器方式的电子电气架构的特点。
素养目标	1. 具备综合学习能力。 2. 具备思维构建能力。

1.3 任务资讯

1. 计算平台的含义

智能网联汽车从交通运输工具逐渐转变为新型智能移动终端。汽车功能和属性的改变导致其电子电气结构随之改变，进而需要更加强大的计算、数据存储和通信功能作为基础，计算平台是满足新型汽车电子电气结构的核心，是新型智能网联汽车电子产业竞争的主战场。

计算平台主要完成汽车行驶和信息交互过程中海量、多源、异构数据的高速计算处理，运用人工智能、信息通信、互联网、大数据、云计算等新技术，实时感知、决策、规划，并参与全部或部分控制，实现汽车的自动驾驶、网联服务等功能。

计算平台是基于异构分布式硬件平台，融合并集成系统软件和功能软件的原型系统，它根据差异化需求进行硬件定制和应用软件加载，满足自动驾驶功能需求。计算平台硬件架构主要包含 AI 单元、计算单元和控制单元。自动驾驶操作系统包含基于复杂嵌入式系统的汽车定制化系统软件和密切结合自动驾驶需求的通信功能软件。

2. 计算平台的角色定位

随着自动驾驶级别的提升，获取外部信息的数量也随之增加，自动驾驶系统所需要处理的数据呈几何级数增长，由于自动驾驶系统对实时性、安全等级的要求不断提高，新型电子电气架构需要经济高效地提供高性能计算能力，并具备良好的可拓展性，如图 1-1 所示。计算平台基于异构分布的硬件平台，集成自动驾驶操作系统，可以提供高性能的计算能力，实现集中控制策略，保障智能网联汽车感知、规划、决策、控制功能模块的高速可靠运行，满足 L3 级以上自动驾驶车辆的需求。

传统汽车电子产业链中，电子控制单元（ECU）形成了十分稳固的 Tier2（二级供应商）—Tier1（一级供应商）供应关系。汽车智能化的需求使目前新兴的"跨界"技术如人工智能、异构芯片硬件设计、汽车基础软件框架等飞速发展。此外，中心云/边缘云的网联、云控、数据、高精地图、信息安全等对传统产业链形成了巨大冲击。传统汽车整车企业和一二级供

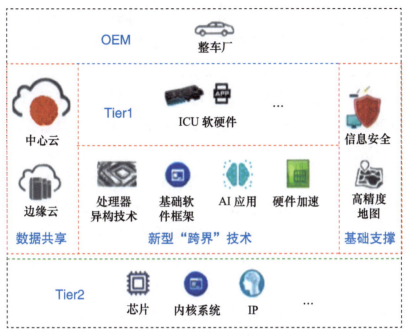

a）传统汽车电子产业链条

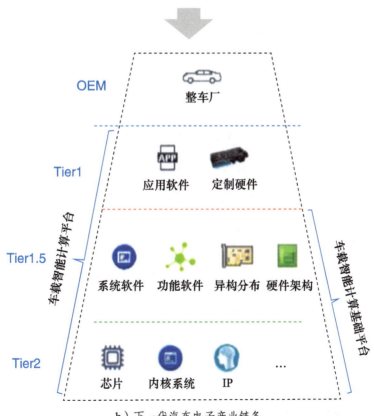

b）下一代汽车电子产业链条

图 1-1　车载智能计算平台的定义

应商需要时间适应和追赶新兴"跨界"技术带来的产业新格局；大量数据融合处理是实现高级自动驾驶的必需输入，汽车将形成更加复杂的信息物理关系，单车内外数据的打通共享和融合处理已经超出了传统汽车行业的能力范畴；智能网联汽车的网络属性将引起行业和用户对网络安全、数据安全的关切；现有自动驾驶主要依赖的高精地图一定意义上属于国家智能化基础设施。以上均无法单独依靠传统汽车产业实现。

计算平台作为智能网联汽车车端"大脑"，负责处理实时性要求高、安全等级要求高的自动驾驶相关数据和功能，与智能终端基础平台共同构成车端的算力系统，支撑不同安全等级需求的网联化自动驾驶以及人机交互的车端实现。随着整车电子电气架构的变革，算力将会由车端向云端部分转移和布局，云控平台就是计算平台在云端算力的具体实现。云控基础平台利用其超视距的感知信息获取能力，实现车端与场段的感知融合，进而实现协同决策控制，解决单车智能的局限性问题。

3. 计算平台的现状与发展历程

世界汽车产业正在进行"新四化"技术革命和行业变革，计算平台及其搭载的自动驾驶操作系统作为支撑汽车"新四化"的平台技术，逐渐成为国内外整车企业和相关科技公司竞争的热点。

特斯拉是最早开始研发计算平台的，也是第一个开始研发计算平台芯片的整车企业。以 Autopilot HW 为代表，从第一代的 HW 1.0 迭代到 HW 3.0，特斯拉首款自主研发芯片 FSD 取代了英伟达 Driver PX2。相对于国外车企，国内车企在车用芯片、操作系统等产业链的核心环节较为薄弱，因此主要采取渐进式开发路线。以吉利汽车为例，吉利汽车 2017 年发布了 G-Pilot 自动驾驶战略，提出了面向自动驾驶技术研发 G-Pilot 1.0 到 G-Pilot 4.0 技术规划。

随着国内外车企不断布局自动驾驶战略，以英伟达、英特尔、谷歌等为代表的国外科技企业也在大力推动计算平台的发展。

英伟达以行业较领先的高性能安全芯片为核心，提供了完整的硬件平台和基础软件平台。NVIDIA DRIVE 平台属于端到端的开放式自动驾驶平台，支持 L3、L4 甚至 L5 级的自动驾驶，开放软件栈包含了 ASIL-D OS、深度学习、计算机视觉 SDK 到自动驾驶应用；整合了深度学习、传感器融合和环绕立体视觉等技术，且基于 Drive Orin 打造的自动驾驶软件堆栈可以实时理解车辆周围的情况，完成精确定位并规划出最为安全高效的路径。我国信息通信技术与产业实力也在不断增强，移动互联网、大数据、云计算、通信设备等领域形成一批国际领军企业，华为、百度、地平线等企业开始布局计算平台与智能网联汽车操作系统。以华为推出的 MDC 解决方案为例，该解决方案集成自主研发的鲲鹏 CPU 芯片、昇腾 AI 芯片、图像处理芯片等，搭载创新研发的操作系统，是平台化、标准化的系列产品。华为 MDC 支持 L2~L5 级自动驾驶的平滑演进，兼容 AUTOSAR 架构，具有高效、安全、高可靠、高能效、高确定性、低延时的技术优势，满足 ISO 26262 ASIL-D 等级功能安全要求。平台可与不同合作伙伴的多种类传感器、执行部件相连，并支持感知、融合、定位、决策、规划、控制等不同合作伙伴的应用算法，实现不同场景的应用。

4. 计算平台的发展趋势

伴随着通信网络技术、计算机和软件技术、芯片和设计技术、控制和信息处理技术的成熟发展，其相关技术在汽车领域也得到了广泛应用。汽车的智能化、网络化、信息化和集成化进程不断加速。

从电子电气架构的角度看，计算平台正在从分布式向集中式发展，其中核心的目标是为软件开发创造更加高效的环境，包括四个关键趋势：计算集中化、软硬件解耦、平台标准化以及功能开发生态化。

博世公司将整个汽车电子电气架构的发展分为 6 个阶段：模块化阶段、整合阶段、集中化阶段、域（间）融合阶段、车载中央计算机＋区控制器阶段和车载中央计算机＋云服务阶段，如图 1-2 所示。

智能网联汽车的电子电气架构正在由分布式架构向集中式架构发展，多个控制单元融合并由域控制器集中控制，各个域控制器间通过高速总线通信。采用域控制器方式的电子电气架构是当前主流的架构设计思路，其特点如下：

（1）高集成度的处理平台　将多个独立 ECU 的功能进行融合，形成高集成度的集中处理平台，通过对多个功能进行统一调度和管理来实现某一复杂功能,以满足复杂任务的要求。

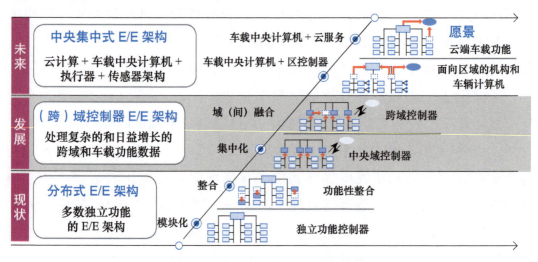

图 1-2 汽车电子电气架构的发展

（2）高速的数据传输与处理　采用车载以太网等新型总线传输协议,提高整车网络的通信速度和通信带宽,以满足高速、高容量数据传输的要求。

（3）标准化的软硬件平台　标准化平台具备良好的可移植性和可扩展性,具有灵活增加或删除功能,可以满足各类产品对功能与成本的不同要求。

（4）系统软硬件分离　系统软硬件的分离设计可以使软件不依赖硬件存在,实现软件对硬件的解耦,在不同的硬件平台之间可以灵活地进行程序的开发和移植。

（5）具备可重构性　能够使开发者根据不同的设计需求灵活调整相应的功能,同时可以被反复利用,缩短研发周期,降低研发成本。

（6）支持外部环境互联特性　汽车不再作为一个相对封闭的系统,而是具备与外部环境进行互通互联的能力,有效地支持车辆智能化、网络化发展需求。

（7）更高级别的安全策略　随着汽车智能化程度越来越高,车外通信的复杂程度和未知情况,对车内处理单元的安全策略要求越来越高,必须提高安全策略级别以应对复杂多变的外部环境。

5. 自动驾驶技术等级

图 1-3 所示为自动驾驶等级对自动驾驶计算平台的需求。

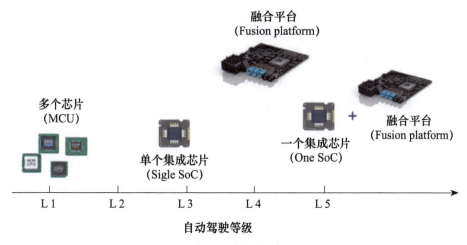

图 1-3　自动驾驶计算平台等级图

在自动驾驶技术分级中，L2 和 L3 是重要的分水岭，L2 及以下的自动驾驶技术仍然是辅助驾驶技术，尽管可以在一定程度上解放双手（Hands Off），但是环境感知、接管仍然需要人来完成，即由人来进行驾驶环境的观察，并且在紧急情况下直接接管。而在 L3 中，环境感知的工作将交由机器来完成，驾驶员可以不用再关注路况，从而实现了驾驶员双眼的解放（Eyes Off）。而 L4、L5 则带来自动驾驶终极的驾驶体验，在规定的使用范围内，驾驶员可以完全实现双手脱离转向盘以及注意力的解放（Minds Off），被释放了手、脚、眼和注意力的人类，将能真正摆脱驾驶的羁绊，享受自由的移动生活。从实际应用价值来看，L3、L4 相对于辅助驾驶技术有质的提升，从驾驶辅助（L2）到部分驾驶辅助（L3），最终实现有条件自动辅助（L4）和高度/完全自动辅助（L5），L3 将成为用户价值感受的临界点，将成为产业的重要分水岭。

6. 车载计算单元电子芯片的发展趋势

过去车载计算单元电子芯片以与传感器一一对应的电子控制单元（ECU）为主，主要分布于发动机等核心部件上。随着汽车智能化的发展，汽车传感器越来越多，传统的分布式架构逐渐落后，由中心化架构域控制器（Domain Control Unit，DCU）、多域控制器（Multi Domain Controller，MDC）逐步替代。

随着人工智能的发展，汽车智能化形成趋势，目前辅助驾驶功能渗透率越来越高，这些功能的实现需借助于摄像头、雷达等新增的传感器数据，其中视频（多帧图像）的处理需要大量并行计算，传统 CPU 算力不足，这方面性能强大的图形处理器（GPU）替代了中央处理器（CPU）。再加上辅助驾驶算法需要的训练过程，GPU+FPGA 成为目前主流的解决方案。

着眼未来，自动驾驶也将逐步完善，届时又会加入激光雷达的点云（三维位置数据）数据以及更多的摄像头和雷达传感器，GPU 也难以胜任。专用集成电路（ASIC）在性能、能耗和大规模量产成本上均显著优于 GPU 和现场可编程逻辑门阵列（FPGA），定制化的 ASIC 芯片可在相对低水平的能耗下，提升车载信息的数据处理速度。随着自动驾驶定制化需求的提升，ASIC 专用芯片将成为主流。

（1）计算单元芯片的过去——以 CPU 为核心的 ECU

1）ECU 的核心 CPU。ECU 的工作过程就是 CPU 将接收到的各个传感器的信号转化为数据，并由 Program 区域的程序通过对 Data 区域的数据图表调用来进行数据处理，从而得出具体驱动数据，并通过 CPU 针脚传送到相关驱动芯片，驱动芯片再通过相应的周边电路产生驱动信号，用来驱动驱动器。即传感器信号—传感器数据—驱动数据—驱动信号这样一个完整工作流程。

2）分布式架构向多域控制器发展。汽车电子发展的初期阶段，ECU 主要用于控制发动机工作，只有汽车发动机的排气管（氧传感器）、气缸（爆燃传感器）、冷却液（冷却液温度传感器）等核心部件才会放置传感器，由于传感器数量较少，为保证传感器—ECU—控制器回路的稳定性，ECU 与传感器一一对应的分布式架构是汽车电子的典型模式。

随着车辆的电子化程度逐渐提高，ECU 的应用越来越广泛，从防抱死制动系统、四轮驱动系统、电控自动变速器、主动悬架系统、安全气囊系统，到现在逐渐延伸到了汽车各类安全、网络、娱乐、传感控制系统等。

随着汽车电子化的发展，车载传感器数量越来越多，传感器与 ECU

一一对应使得车辆整体性下降，线路复杂性也急剧增加，此时 DCU 和 MDC 等更强大的中心化架构逐步替代了分布式架构。

域控制器（Domain Control Unit，DCU）的概念最早由以博世公司、大陆公司、德尔福公司为首的 Tier1 提出，是为了解决信息安全和 ECU 瓶颈的问题。根据汽车电子部件功能将整车划分为动力总成、车辆安全、车身电子、智能座舱和智能驾驶等几个域，利用处理能力更强的多核 CPU/GPU 芯片相对集中地去控制每个域，以取代目前分布式汽车电子电气架构。

进入自动驾驶时代后，控制器需要接收、分析、处理的信号量大且复杂，原有的一个功能对应一个 ECU 的分布式计算架构或者单一分模块的域控制器已经无法适应需求，比如摄像头、毫米波雷达、激光雷达乃至 GPS 和轮速传感器的数据都要在一个计算中心内进行处理，以保证输出的结果对整车自动驾驶最优。

因此，对自动驾驶车辆的各种数据进行聚集、融合处理，从而为自动驾驶的路径规划和驾驶决策提供支持的多域控制器将会是发展的趋势，奥迪公司与德尔福公司共同开发的 zFAS，即是通过一块 ECU，能够接入不同传感器的信号并对信号进行分析和处理，最终发出控制命令。

（2）计算单元芯片的现状——以 GPU 为核心的智能辅助驾驶芯片　人工智能的发展也带动了汽车智能化发展，过去的以 CPU 为核心的处理器越来越难以满足处理视频、图片等非结构化数据的需求，同时处理器也需要整合雷达、视频等多路数据，这些都对车载处理器的并行计算效率提出了更高的要求，而 GPU 因具有同时处理大量简单计算任务的特性而在自动驾驶领域取代 CPU 成为主流方案。

1）GPU 与 CPU 的比较。CPU 的运算核心数量只有几个（不超过两位数），每个核都有足够大的缓存及足够多的数字和逻辑运算单元，并辅助很多复杂的计算分支。而 GPU 的运算核心数量可以多达上百个（流处理器），每个核拥有的缓存相对较小，数字逻辑运算单元也少而简单。

CPU 和 GPU 的最大区别是设计结构不同造成的功能不同。CPU 的逻辑控制功能强，可以进行复杂的逻辑运算，并且延时低，可以高效地处理复杂的运算任务。而 GPU 逻辑控制和缓存较少，使得每个运算单元执行的逻辑运算复杂程度有限，但并列大量的计算单元，可以同时进行大量较简单的运算任务。

2）GPU 占据现阶段自动驾驶芯片的主导地位。相比于消费电子产品的芯片，车载的智能驾驶芯片对性能和寿命要求都比较高，主要体现在以下几方面：

① 每瓦耗电提供的性能。

② 生态系统的构建，如用户群、易用性等。

③ 满足车辆寿命要求，至少 1 万 h 稳定使用。

目前无论是尚未商业化生产的自动驾驶 AI 芯片还是已经可以量产使用的辅助驾驶芯片，由于自动驾驶算法还在快速更新迭代，对云端"训练"部分提出了很高的要求，既需要大规模的并行计算，又需要大数据的多线程计算，因此是以 GPU+FPGA 解决方案为核心；在终端的"推理"部分，核心需求是大量并行计算，因此是以 GPU 解决方案为核心。

（3）计算单元芯片的未来——以 ASIC 为核心的自动驾驶芯片

1）ASIC 与 GPU+FPGA 的比较。GPU 适用于单一指令的并行计算，而 FPGA 与之相反，适用于多指令、单数据流，常用于云端的"训练"阶段。此外与 GPU 对比，FPGA 没有存取功能，因此速度更快、功耗更低，但同时运算量不大。可结合两者优势，形成 GPU+FPGA 的解决方案。

FPGA 和 ASIC 的区别主要在于能否可以进行编程。FPGA 客户可根据需求编程，改变用途，但量产成本较高，更适用于应用场景较多的企业用户；而 ASIC 已经制作完成并且只搭载一种算法和形成一种用途，首次"开模"成本较高，但量产成本较低，适用于场景单一的消费电子用户。目前自动驾驶算法仍在快速更迭和进化，因此大多数自动驾驶芯片使用 GPU+FPGA 的解决方案。未来算法稳定后，ASIC 将成为主流。

2）ASIC 是未来自动驾驶芯片的核心和趋势。结合 ASIC 的优势，从长远看，自动驾驶的 AI 芯片会以 ASIC 为解决方案，主要有以下几个原因：

① 由于处理的传感器信息需要大量冗余，自动驾驶对终端运算能力要求极高，并且车速越快，对计算能力要求越高。

② 自动驾驶对终端计算的实时性要求极高。任何超出一定范围的延迟，都有可能造成事故，因此终端会负责自动驾驶的核心计算和决策功能。

③ 对能效要求高。高能耗会降低车辆续驶里程，影响驾驶体验，高发热也会降低系统稳定性。

④ 高可靠性。满足车规级要求的自动驾驶芯片需要在严寒酷暑、刮风下雨或长时间运行等恶劣条件下都有稳定的计算表现。

资讯小结

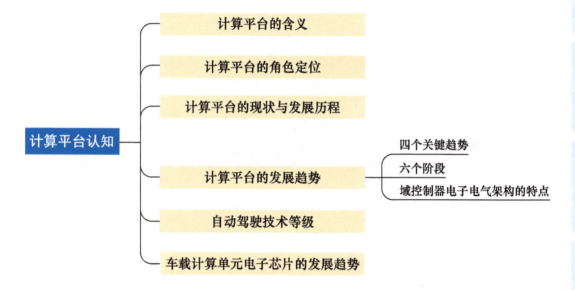

1.4 任务准备

工具设备介绍

子任务模块	设备工具
任务1 在智能网联教学车上认知计算平台	智能网联教学车
任务2 计算平台的含义、发展趋势，电子电气架构特点等内容的讲解	智能网联教学车

1.5 任务实施

1. 前期准备

1）设备准备：智能网联教学车。

2）将教学车停放至合适的安全位置。

3）拉起驻车制动开关，关闭点火开关。

2. 实操演练

➤ 任务 1　在智能网联教学车上认知计算平台

实施步骤	图示	操作要点
在教学车上找到计算平台部件		识别计算平台在智能网联教学车上的安装位置

➤ 任务 2　计算平台的含义、发展趋势，电子电气架构特点等内容的讲解

实施步骤	图示	操作要点
对计算平台的含义、作用以及关键知识点进行讲解		简述计算平台的知识要点

1.6　任务检查与评价

1. 任务评价

见附录 A　计算平台认知评分标准。

2. 技能点小结

```
                          ┌─ 在智能网联教学车上认知计算平台 ─┬─ 1. 将教学车停放至合适的安全位置
                          │                                    ├─ 2. 拉起驻车制动开关，关闭点火开关
                          │                                    └─ 3. 在教学车上找到计算平台部件
  学习任务1 ───────────────┤
                          │  计算平台的含义，发展趋势，电子    ┌─ 1. 了解计算平台含义
                          └─ 电气架构特点等内容的讲解 ─────────┼─ 2. 了解计算平台发展趋势
                                                               └─ 3. 了解电子电气架构特点
```

学习任务 2
计算平台架构认知

2.1 任务导入

最近,组装车间新来的一名技术员对于计算平台不太了解,你作为一名资深技术员,需要准确地向他介绍计算平台是由哪些部分组成的,并说明各组成部分的作用是什么。

2.2 任务分析

知识目标	1. 掌握计算平台的架构。 2. 掌握 AI 单元、计算单元和控制单元的组成。 3. 掌握主流计算平台的类型。
技能目标	1. 能够独立描述计算平台的结构。 2. 能够独立描述车载智能计算平台的组成。 3. 能够独立描述 AI 单元、计算单元和控制单元的功能。
素养目标	1. 具备综合学习能力。 2. 具备思维构建能力。

2.3 任务资讯

1. 智能驾驶计算平台的结构

智能驾驶计算平台自底向上划分为硬件平台、系统软件、功能软件和应用软件四层结构,如图 2-1 所示。硬件平台基于异构分布式架构提供可持续扩展的计算能力。系统软件包括操作系统和中间件,为上层提供调度、通信、时间同步、调试诊断等基础服务。功能软件层包括感知、决策、规划和控制等智能驾驶核心功能的算法组件。

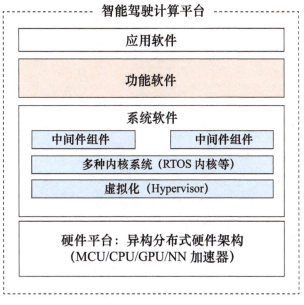

图 2-1　智能驾驶计算平台的结构

2. 车载智能计算平台的架构

车载智能计算平台的架构主要包含自动驾驶操作系统和异构分布硬件架构两部分。其中,自动驾驶操作系统是基于异构分布硬件架构,包含系统软件和功能软件的整体基础框架。车载智能计算平台侧重于系统可靠、运行实时、分布弹性、高算力等特点,实现感知、规划、控制、网联、云控等功能,最终完成安全、实时、可扩展的多等级自动驾驶核心功能,如图 2-2 所示。

车载智能计算平台需要软硬件协同发展促进落地应用。车载智能计算基础平台结合车辆平台和传感器等外围硬件,同时采用车内传统网络和新型高速网络(如以太网、高速 CAN 总线等),根据异构分布硬件架构指导硬件平台设计,装载运行自动驾驶操作系统的系统软件和功能软件,向上支撑应用软件开发。

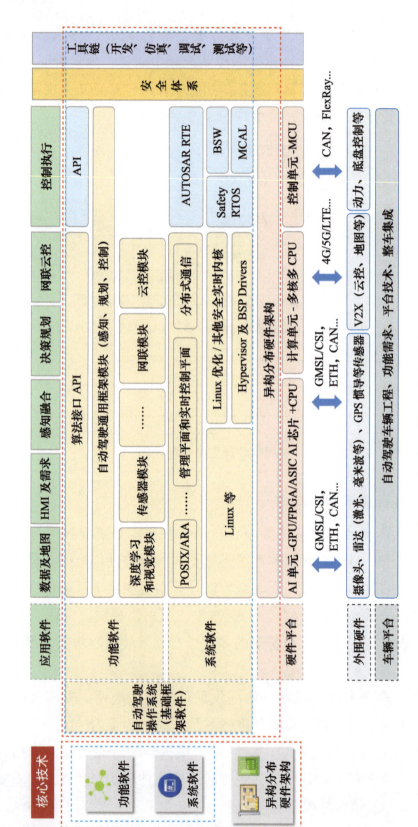

图 2-2　智能驾驶计算平台的架构

（1）自动驾驶操作系统　自动驾驶操作系统是一个流程化、复杂的综合系统，涉及众多流程和领域，贯穿了线控底盘、硬件平台、软件平台、实现功能等自动驾驶汽车的开发。操作系统的引入促进了硬件和软件接口的集成，从而实现了硬件模块化，使得制造商能够通过大规模生产和专业化开发的低成本，成功实现产品的高性能化发展。

（2）异构芯片硬件　自动驾驶硬件通过不同接口连接众多的传感器设备，包括激光雷达、毫米波雷达、超声波雷达、车载摄像头、GPS 和 IMU 等。摄像机可以捕获图像数据，可以使用计算机视觉技术来提取这些图像的内容并理解周围的环境，例如通过图像中的颜色信息判断交通灯的状态。全球定位系统（Global Positioning System，GPS）通过接收绕地卫星信号来帮助使用者确定所处的位置。惯性测量装置（Inertial Measurement Unit，IMU）通过跟踪车辆位置、速度、加速度以及其他因素来测量车辆的运动和位置。激光雷达（Light Detection And Ranging）由一组脉冲激光器组成，向车身周围 360° 扫描发射激光束，通过接收这些激光束的反射波，形成车辆内部计算机软件可用来理解周围环境的点云（Point Cloud）。雷达（Radar）同样用来检测障碍物，但雷达分辨率低，很难辨别检测到的障碍物属于哪一类，不过其成本低，可以适用于各种极端天气和不良的照明环境，同时在测量其他车辆速度时具有一定的优势。

车载智能计算基础平台需采用异构芯片硬件方案。面向 L3 及以上等级的自动驾驶车辆，车载智能计算基础平台需兼容多类型、多数量传感器，并具备高安全性和高性能。现有的单一芯片无法满足诸多接口和算力要求，需采用异构芯片的硬件方案。异构可以体现在单板卡集成多种架构芯片，如奥迪 zFAS 集成了 MCU、FPGA、CPU，华为 MDC 平台集成了昇腾 310 和鲲鹏 920 等芯片；也可以体现在功能强大的单芯片（SoC，系统级芯片）同时集成多个架构单元，如英伟达 Xavier 集成了 GPU 和 CPU 两个异构单元。

现有的车载智能计算平台产品如奥迪 zFAS、特斯拉 FSD、英伟达 Drive AGX Pegasus 等的硬件均主要由 AI（人工智能）单元、计算单元和控制单元三部分组成，每个单元完成各自所定位的功能。

1）AI 单元。AI 单元采用并行计算架构 AI 芯片，并使用多核 CPU 配置 AI 芯片和进行必要处理。AI 芯片可选用 GPU、FPGA、ASIC 等。当前完成硬件加速功能的芯片通常依赖内核系统（多用 Linux）进行加速引擎及其他芯片资源的分配、调度。通过加速引擎来实现对多传感器数据的高效处理与融合，获取用于规划及决策的关键信息。AI 单元作为参考架构中算力需求最大的一部分，需要突破成本、功耗和性能的瓶颈以达到产业化要求。其主要功能如下：

① 传感器数据处理。自动驾驶车辆在运行期间，大量传感器为车辆的中央计算机提供数据，包括道路信息、道路上的其他车辆信息，以及如人类能够感知到的那样，能够检测到的任何障碍物信息。有些传感器甚至可以提供比普通人更好的感知能力，但要做到这一点就需要智能算法，用以理解实时生成的数据流。

智能算法的主要任务之一是检测和识别车辆前方和周围的物体。人工神经网络（ANN）是用于该任务的典型算法，也称为深度学习，因为神经网络包含许多层级，而每个层级又包含许多节点。图 2-3 显示了一个深度神经网络，不过实际中的神经网络其节点数和层数可能要多很多。

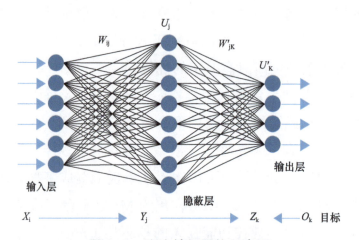

图 2-3 深度神经网络示意图

因为有多个不同类型的传感器，因此，为每个传感器配备专用的硬件/软件模块是很有必要的。这种方法允许并行处理数据，因此可以更快地做出决策。每个传感器单元可以利用不同的 AI 算法，然后将其结果传达给其他单元或中央处理计算机。

② 路径规划。路径规划对于优化车辆线路并生成更好的交通模式非常重要。它有助于降低延迟并避免道路拥堵。对人工智能算法来说，规划也是一项非常适合它的任务。因为规划是一个动态任务，可以将很多因素考虑进去，并在执行时解决优化问题。路径规划的定义如下：路径规划使自动驾驶车辆能够找到从 A 点到 B 点之间最安全、最便捷、最经济的路线，它利用以往的驾驶经验帮助 AI 系统在未来提供更准确的决策。

③ 路径执行。路径规划好之后，车辆就可以通过检测物体、行人、自行车和交通信号灯来了解道路状况，通过导航到达目的地。目标检测算法是 AI 算法的主要关注点，因为它能够实现仿人类行为。但当道路情况不同或天气条件变化时，就会出现很多问题。很多测试车辆出事故都是由于模拟环境与现实环境的条件不同，而 AI 软件若接收到未知数据，可能做出不可预测的反应。

④ 监测车辆状况。最具前景的维护类型是预测性维护。它的定义如下：预测性维护利用监测和预测模型来确定机器状况，并预测可能发生的故障以及何时会发生。预测性维护尝试预测未来的问题，而不是现在已经存在的问题。从这方面来讲，预测性维护可以节省大量时间和金钱。有监督学习和无监督学习都可用于预测性维护。其算法能够根据机载和机外数据做出预测性维护决策。用于该任务的机器学习算法属于分类算法，例如逻辑回归、支持向量机和随机森林算法等。

⑤ 保险数据收集。车辆的数据日志可以包含有关驾驶员行为的信息。这些数据可以用来分析交通事故，也可用于处理车险索赔。所有这些都有助于降低保险价格，因为安全性更加确定和有保证。对于全自动驾驶车辆来说，赔偿责任将从乘客（不再是驾驶员）转移到制造商。而对半自动驾驶车辆来说，驾驶员仍可能承担一部分责任。证明这类情况将越来越依赖于车辆 AI 系统所捕获的智能数据。来自所有传感器的数据会生成巨量的信息，随时保存所有数据可能不切实际，但是保存相关数据快照似乎是获得证据的折中方法，这些证据可用于特定交通事件的事后分析。这个方法类似于黑匣子保存数据的方法，在碰撞事故发生后可以根据这些数据进行分析。

在自动驾驶车辆行驶时，每个不同类别的传感器都在不停地采集数据，而且 AI 硬件计算平台对每一类数据都需要实时处理（图 2-4）。因此合理的计算平台必须具有大规模数据处理的能力，从而进行实时驾驶行为决策。AI 硬件计算平台的选取，对自动驾驶的安全性、可靠性有着巨大的影响。举例来说，当激光雷达收集到大量的点云信息并传送到计算平台时，有可能会导致 CPU 资源被占满，从而难以处理其他诸如摄像头、雷达的数据，可能导致误闯交通灯，造成严重的后果。

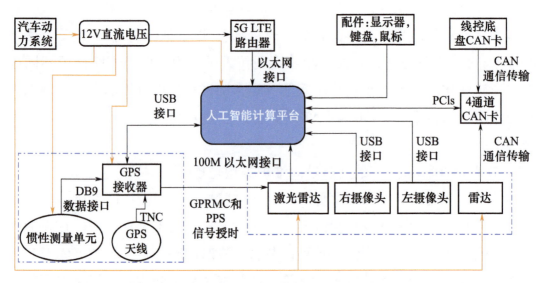

图 2-4　自动驾驶 AI 硬件计算平台的数据采集

2）计算单元。计算单元由多个多核 CPU 组成。计算单元采用车规级多核 CPU 芯片，单核主频高，计算能力强，满足相应功能安全要求；装载 Hypervisor、Linux 等内核系统管理软硬件资源，完成任务调度，用于执行与自动驾驶相关的大部分核心算法；同时整合多源数据完成路径规划、决策控制等功能，如 NVIDIA Drive AGX Pegasus 平台、华为 MDC600 平台等。

3）控制单元。控制单元基于传统车控 MCU。控制单元加载 Classic AUTOSAR 平台基础软件，MCU 通过通信接口与 ECU 相连，实现车辆动力学横纵向控制并满足功能安全 ASIL-D 等级要求。当前 Classic AUTOSAR 平台基础软件产品化较为成熟，可通过预留通信接口与自动驾驶操作系统集成。

（3）分布弹性　车载智能计算平台当前需采用分布式硬件方案。当前汽车电子电气架构由众多单功能芯片逐渐向各域控制器发展，L3 及以上等级自动驾驶功能要求车载智能计算平台具备系统冗余、平滑扩展等特点。一方面，考虑到异构架构和系统冗余，利用多板卡实现系统的解耦和备份；另一方面，采用多板卡分布扩展的方式满足自动驾驶 L3 及以上等级算力和接口要求。整体系统在同一个自动驾驶操作系统的统一管理适配下，协同实现自动驾驶功能，通过变更硬件驱动、通信服务等进行不同芯片的适配。

车载智能计算平台需具有弹性扩展特性以满足不同等级的自动驾驶需求。对于 L3 及以上等级的自动驾驶汽车，随着自动驾驶等级的提升，车载智能计算平台的算力、接口等需求都会增加。除提高单芯片算力外，硬件单元也可复制堆叠，自动驾驶操作系统弹性适配硬件单元还可进行平滑拓展，达到整体系统提升算力、增加接口、完善功能的目的。

3. 架构技术特点

计算基础平台侧重于系统可靠、运行实时、分布弹性、高算力等特点，实现感知、规划、控制、网联、云控等功能，最终形成安全、实时、可扩展的多等级自动驾驶核心功能。

（1）平台性　计算基础平台可以有效地整合云控、高精地图、V2X 等自动驾驶辅助功能业务，并在对智能网联汽车功能进行合理抽象的基础上设计了灵活组合的自动驾驶功能框架，同时提供了灵活易用的工具链，便于上层应用开发者和 OEM 用户基于具体业务需求和技术方案进行快速迭代。

（2）兼容性、标准化、定制化　在自动驾驶技术依然不断完善和演进的背景下，计算基础平台设计内外部接口时的首要原则是遵循已有的协议标准，其次是提供必要的定制化模板及工具。计算平台在整合生态、满足用户多样性需求方面具有一定的优势。

（3）异构性　在自动驾驶功能高带宽、高算力、强实时性的背景下，计算平台的架构可以有效支持多 AI 计算单元、多并行计算单元、微控制计算单元的复杂异构硬件平台，并支持异构复杂多分布式硬件环境中的通信、管理、维护和复杂调度等功能。

（4）安全性　在功能安全方面，计算基础平台提供了完整的功能安全及预期功能安全分析工具链、完善的功能安全实时监控框架；在信息安全方面，计算基础平台架构内有边界防护、传输安全、入侵防御、应用漏洞防护、数据安全、HSM 等全栈的信息安全基础防护体系。

（5）中国方案特色　计算基础平台中 V2X、云控、高精地图、定位、信息安全等功能方案的设计应充分遵循和体现本地属性的标准与特色。

➡️ 资讯小结

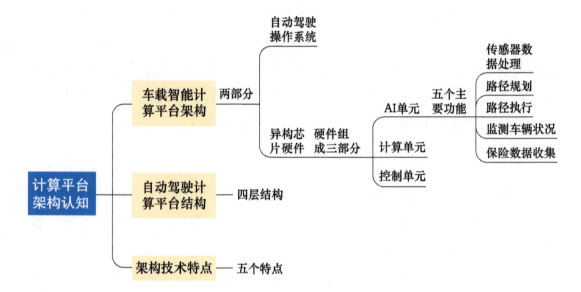

2.4 任务准备

1. 工具设备介绍

子任务模块	设备工具
任务 1 自动驾驶计算平台结构图的认知	自动驾驶计算平台的结构图
任务 2 车载智能计算平台架构图的认知	车载智能计算平台的架构图

2. 实操预演

第一步　通过链接，认知自动驾驶计算平台的结构图。

第二步　通过链接，认知车载智能计算平台的架构图。

第三步　通过链接，对计算平台的结构和车载智能计算平台的架构进行讲解。

实操预演 → 计算平台架构的认知

2.5 任务实施

1. 前期准备

准备计算平台的结构图和车载智能计算平台的架构图。

2. 实操演练

任务1 自动驾驶计算平台结构图的认知

实施步骤	图示	操作要点
完成对自动驾驶计算平台结构图的认知	智能驾驶计算平台：应用软件、功能软件、系统软件（中间件组件、中间件组件、多种内核系统（RTOS内核等）、虚拟化（Hypervisor））、硬件平台：异构分布式硬件架构（MCU/CPU/GPU/NN加速器）	熟悉自动驾驶计算平台结构的各个模块，讲解各个模块的功能及作用

任务2 车载智能计算平台架构图的认知

实施步骤	图示	操作要点
完成对车载智能计算平台架构图的认知	（车载智能计算平台架构图，包含核心技术：功能软件、系统软件、异构分布硬件架构；应用软件：数据及地图、HMI及需求、感知融合、决策规划、网联云控、控制执行；功能软件：算法接口API、自动驾驶通用框架模块（感知、规划、控制）、深度学习和视觉模块、传感器模块、……、网联模块、云控模块；系统软件：自动驾驶操作系统（基础框架软件）：POSIX/ARA…、管理平面和实时控制平面、分布式通信、Linux等、Linux优化/其他安全实时内核、Hypervisor及BSP Drivers、AUTOSAR RTE、Safety RTOS、BSW、MCAL；异构分布硬件架构；硬件平台：AI单元-GPU/FPGA/ASIC AI芯片+CPU、计算单元-多核多CPU、控制单元-MCU；GMSL/CSI、ETH、CAN…、GMSL/CSI、ETH、CAN…、4G/5G/LTE…、CAN、FlexRay…；外围硬件：摄像头、雷达（激光、毫米波等）、GPS惯导等传感器、V2X（云控、地图等）、动力、底盘控制等；车辆平台：自动驾驶车辆工程、功能需求、平台技术、整车集成；安全体系；工具链（开发、仿真、调试、测试等））	熟悉车载智能计算平台架构的各个模块，讲解各个模块的功能及作用

023

2.6 任务检查与评价

1. 任务评价

见附录 B　计算平台架构认知评分标准。

2. 技能点小结

```
                                    ┌─ 1. 准备计算平台结构图和架构图
              ┌─ 自动驾驶计算平台结构图的认知 ─┤
              │                     └─ 2. 根据结构图了解硬件平台、系统
              │                        软件、功能软件、应用场景等
  学习任务2 ─┤
              │                     ┌─ 1. 准备计算平台结构图和架构图
              └─ 车载智能计算平台架构图的认知 ─┤
                                    └─ 2. 了解计算平台核心系统工作原理，自动
                                       驾驶操作系统、计算平台开发工具包
```

学习任务 3
计算平台硬件认知

3.1 任务导入

最近,组装车间新来的一名技术员对于计算平台的类型不太了解,你作为一名资深技术员,需要准确地为他介绍计算平台的类型,并能够让他按照需求正确地选择计算平台。

3.2 任务分析

知识目标	1. 了解计算平台的类型。 2. 了解基于 NPU 的华为 MDC 智能驾驶计算平台。 3. 了解基于 GPU 的智行者 Brain Box 智能驾驶计算平台。 4. 了解基于 FPGA 的百度 Apollo 智能驾驶计算平台。 5. 了解基于 ASIC 的地平线 Matrix 2 智能驾驶计算平台。 6. 了解 ISO 26262《道路车辆功能安全》标准的意义。
技能目标	1. 能够独立叙述基于 NPU 的计算方案的特点。 2. 能够独立叙述基于 GPU 的计算方案的特点。 3. 能够独立叙述基于 FPGA 的计算方案的特点。 4. 能够独立叙述基于 ASIC 的计算方案的特点。 5. 能够按照需求正确地选择相应型号的计算平台。
素养目标	1. 具备综合学习能力。 2. 具备思维构建能力。

3.3 任务资讯

计算平台相当于整个无人驾驶汽车的"大脑",当传感平台接收到描述外界环境的信息时,这些信息会输送到计算平台,由各种芯片进行计算处理。计算平台对数据处理有实时的要求,计算平台的性能和设计会直接影响无人驾驶系统的健壮性和实时性。下面将对几种典型的计算平台进行介绍。

1. 基于 NPU 的计算方案(NPU:嵌入式神经网络处理器)

针对自动驾驶对计算平台的需求,华为公司推出了 MDC 智能驾驶计算平台解决方案,即装在车轮上的移动数据中心(Mobile Data Center,MDC)。MDC 平台集成了华为公司自研的 Host CPU 芯片、AI 芯片、ISP 芯片与 SSD(固态硬盘)控制芯片,并通过底层的软硬件一体化调优,在时间同步、传感器数据精确处理、多节点实时通信、最小化底噪、低功耗管理、快速安全启动等方面均有优势。

华为 MDC 智能驾驶计算平台性能强劲、安全可靠,是实现智能驾驶全景感知、地图 & 传感器融合定位、决策、规划、控制等功能的汽车"大脑",适用于乘用车(如拥堵跟车、高速巡航、自动代客泊车)、商用车(如港口货运、干线物流)与作业车(如无人矿卡、清洁车、无人配送)等多种应用场景。MDC 300 智能驾驶计算单元设计目标为 L2~L4 自动驾驶硬件平台,可满足 TJP(Traffic Jam Pilot)、HWP(Highway Pilot)、AVP(Auto Valet Parking)功能需求。

TJP:指的是交通拥堵情况下的自动驾驶。路况约束为高速公路或者城市快速路等结构化道路场景,在交通拥堵的情况下,可以跟车行驶,一般限速 60km/h 以下。

HWP:指的是高速公路情况下的自动驾驶。路况约束为高速公路或者城市快速路等结构化道路场景。

AVP:指的是自动代客泊车。

MDC 300 产品根据散热方式不同,提供两个形态(图 3-1):液冷,型号为 MDC 300;风冷,型号为 MDC 300F。当前阶段暂时仅提供 MDC 300F 版本。

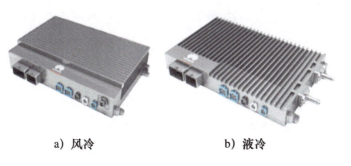

a) 风冷　　　　　　b) 液冷

图 3-1　MDC300 硬件平台图

华为 MDC 平台提出了 NPU 概念，集成了 FPGA 和 ASIC 两款芯片的优点，包括 ASIC 的低功耗以及 FPGA 的可编程、灵活性高等特点，从而其统一架构可以适配多种场景，功耗范围从几十毫瓦到几百瓦，弹性多核堆叠，可在多种场景下提供最优能耗比。

MDC 智能驾驶计算平台总体包含四个部分，如图 3-2 所示。第一个部分是硬件平台，第二个部分是平台软件，第三个部分是工具链，第四个部分是安全平台，分为功能安全和信息安全。功能安全指的是自动驾驶汽车硬件出现问题后，避免车辆失控，能保证安全停车，信息安全指的是车联网数据传输过程中的信息安全。不同的解决方案合作伙伴（就是在硬件和底层驱

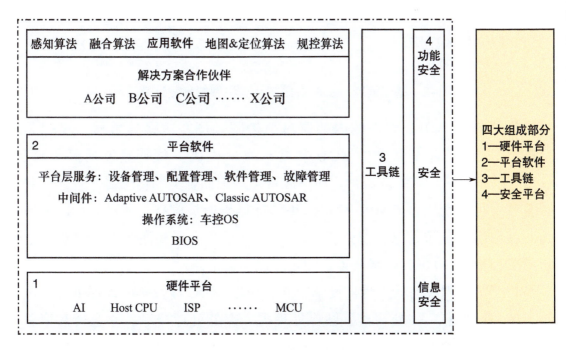

图 3-2　MDC 智能驾驶计算平台总体架构

动及服务的基础上开发感知决策等应用模块的开发者）可以基于华为公司的 MDC 智能驾驶计算平台去部署不同的应用软件，以满足不同应用场景的要求。

MDC 智能驾驶计算平台内部包含了两个核心芯片，如图 3-3 所示。一个核心芯片是 CPU 处理器，它是基于华为公司自研的 ARM 处理器，鲲鹏 920，12 核，2.0GHz，最大功耗 55W。另外一个核心芯片是 AI 处理器，它是华为公司自研的昇腾 310 处理器，基于达芬奇 AI 架构，可以提供 16TOPS@INT8［八位整数精度（int8）下处理器的性能达到 16TOPS，1TOPS 代表处理器每秒可进行一万亿次操作］的算力，最大功耗 8W。MDC 300 可提供高达 64TOPS 的 AI 算力与 150K DMIPS 的通用 CPU 算力。

图 3-3　基于鲲鹏 – 昇腾自研芯片异构智能驾驶计算平台

图 3-4 是 MDC 硬件的内部逻辑架构图。图左侧是传感器，中间是 MDC，右侧是整车其他的 ECU 和信息娱乐模块。传感器包括摄像头、GPS、激光雷达、毫米波雷达、超声波雷达等不同种类的传感器。智能驾驶计算平台可分别通过 GMSL 接口采集传感器摄像头信息，通过 UART（串口）接收组合定位信息，通过 ETH（以太网接口）采集激光雷达信息，通过 CAN 总线接口采集毫米波雷达和超声波雷达信息。

由于智能驾驶对计算性能要求很高，所以 MDC 涉及多个处理单元，包括 CPU 处理器、AI 处理器、图像处理器、存储处理器等，并通过数据总线、车载以太网 MCU 与 LAN-Switch 等部件通信。数据交换模块主要负责其余各个模块的数据交互，图像处理模块可以把摄像头的原始数据处理成YUV格式或者RGB格式。AI处理模块主要用来做AI计算，主要是NN计算，可以进行摄像头的AI处理，或者摄像头和激光雷达融合的AI计算，内存是64GB。CPU模块主要提供一些整型计算，可以用来部署后融合、定位、规控等应用软件算法，内存是16GB。MDC的内置储存是128GB的SSD（固态硬盘）。

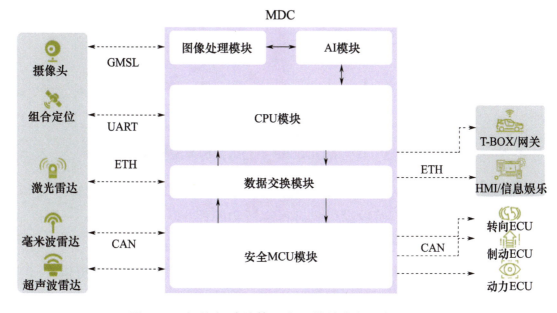

图 3-4　智能驾驶计算平台硬件的内部逻辑架构图

华为 MDC 硬件平台包括 AI 模块和 CPU 模块。AI 模块由 4 颗昇腾 310 AI 处理器组成，是 Ascend 架构的图形处理芯片；CPU 模块是 1 颗鲲鹏 920 CPU 处理器，基于 ARM（Advanced RISC Machine）架构，具有强大的计算能力。另外还包括内部的数据交换模块与安全 MCU 模块。基于此功能模块，需要使用 GPU 加速的功能软件（如图像处理节点）应部署在 AI 模块上，其他节点可部署在 CPU 模块上。华为公司在 2018 年加入 AUTOSAR 并成为 AUTOSAR 的高级会员，其与 AUTOSAR 组织的成员密切合作，参与 AUTOSAR 规范与架构制定，这也保证了华为 MDC 作为完全符合 AUTOSAR 规范的平台，开发工具、接口与 AUTOSAR 保持及时同步与兼容。

通过图 3-5 中两个业务应用的流程图可以知道，MDC 的 Host 子系统（即 CPU）内基于 AP（AUTOSAR Adaptive Platform）的通信方式有两个，分别是 DDS 和 SOME/IP（Scalable Service-Oriented Middleware over IP）。

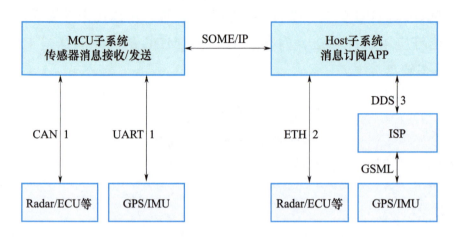

图 3-5　华为 MDC300F 平台数据传输流程图

通过 MCU 将 CAN 和 UART 的数据基于 SOME/IP 转发（包括接收和发送）到订阅应用，不对数据内容进行解析和处理。

通过网络透传激光雷达的裸数据，不额外提供透传接口。

摄像头数据根据采集数据抽象，摄像头抽象接口向 Host 内部提供 YUV 裸数据。

基于自动驾驶的感知和算力要求，自动驾驶汽车的核心控制器需要具备强劲的计算性能。一般认为，L2 需要的计算力 <10TOPS，L3 需要的计算力为 30~60TOPS，L4 需要的计算力 >100TOPS，L5 需要的计算力目前尚未有明确定义（有预测至少需要 1000TOPS），目前的计算平台仅能满足部分 L3、L4 级别的自动驾驶所需。

2. 基于 GPU 的计算方案（GPU：图形处理器）

GPU 在很多方面有着 CPU 不可比拟的优势，比如在进行浮点运算、并行计算方面可以达到十倍到百倍的性能加强，利用 GPU 进行机器学习模型的训练相比使用 CPU 会节省大量的时间。同时利用 GPU 在云端进行识别和分类，会占用更少的基础设施，支持的数据容量也会扩大十到一百倍。

针对汽车主机厂对能够量产的自动驾驶的需求，智行者公司推出车规量产智能驾驶计算平台解决方案,是能满足车规要求和具备大规模量产能力的控制单元,以满足汽车主机厂对成本、性能和功耗三方面的严格要求。

智行者公司研发的 Brain Box Plus 智能驾驶计算平台如图 3-6 所示,采用 NVIDIA Xavier NX 双模块处理器＋英飞凌公司的 TC297 功能安全处理器的异构计算平台,集成了多种通信、6 口交换机、4G、视频(8 路 720P,GMSL 摄像头输入)等模块,拥有 CAN、以太网、USB、RS232 等丰富接口。智行者计算平台搭载了 AVOS 系统,提供核心的自动驾驶功能、视频推流功能、数据记录功能等。

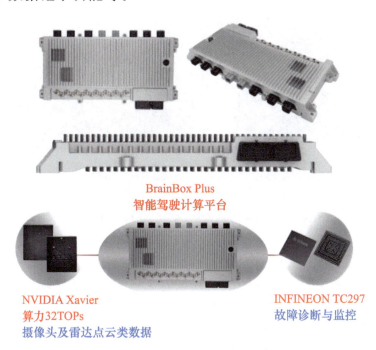

图 3-6　BrainBox Plus 智能驾驶计算平台框架

NVIDIA Jetson Xavier NX(图 3-7)是英伟达公司于 2020 年 3 月推出的模组系统(SOM),NVIDIA Volta 架构,可为边缘系统提供超级计算机性能。借助高达 21TOPS 的加速计算能力,它可以并行运行现代神经网络并处理来自多个高分辨率传感器的数据。Xavier NX 是生产就绪型产品,可支持所有热门 AI 框架。

Jetson Xavier NX 的 CUDA Cores 数量为 384 个,Tensor Cores 数量为 48 个。在 15W 高性能模式下,Xavier NX 具有主频高达 1.4GHz 的 6 核 Carmel ARM 64 位 CPU 性能,可扩展性包括 1 个 USB3.0 和 3 个 USB2.0,

以及 SPI、UART、I2S、CAN 和 GPIO。MIPI CSI-2 有 12 条通道，最多可容纳 6 台外部摄像机。

Jetson TX2 是英伟达公司于 2018 年推出的第三代 GPU 嵌入式开发板，如图 3-8 所示。Jetson TX2 围绕 Pascal 架构 GPU 构建，负载 8GB 内存和 59.7GB/s 内存带宽。TX2 具有各种标准的硬件接口，极易集成到广泛的产品中。Jetson 开发套件系列的前两代分别是 Jetson TK1 和 Jetson TX1。Jetson TX2 是 Jetson 开发工具包的一个新版本，它比 TX1 的计算能力和效率翻了一番。其模块具体参数见表 3-1。

图 3-7　Jetson Xavier NX 核心模块

图 3-8　Jetson TX2 模块

表 3-1　Jetson TX1/TX2/Xavier NX 的参数对比

部件	Jetson TX2	Jetson TX1	Jetson Xavier NX
GPU	NVIDIA Pascal、256 CUDA cores	NVIDIA Maxwell、256 CUDA cores	搭载 48 个 Tensor Core 的 384 核 NVIDIA Volta GPU
CPU	HMP Dual Denver 2/2MB L2 + Quad ARM A57/2MB L2	Quad ARM A57/2MB L2	6 核 NVIDIA Carmel ARM v8.2 64 位 CPU，6MB L2 + 4 MB L3
视频	4K×2K 60Hz Encode（HEVC），4K×2K 60Hz Decode（12bit support）	4K×2K 30Hz Encode（HEVC），4K×2K 60Hz Decode（10bit support）	2×464MP/s 2×4K @ 30（HEVC） 6×1080p @ 60（HEVC）
内存	8GB 128bit LPDDR4 59.7GB/s	4GB 64bit LPDDR4 25.6GB/s	8GB 128bit LPDDR4 51.2GB/s
存储	32GB eMMC、SDIO、SATA	16GB eMMC、SDIO、SATA	16GB eMMC 5.1
显示	2×DSI、2×DP1.2、HDMI2.0、eDP1.4	2×DSI、1×eDP1.4、DP1.2、HDMI	2×DSI、2×DP1.2、HDMI2.0、eDP1.4

（续）

USB	USB3.0 + USB2.0	USB3.0 + USB2.0	USB3.0 + USB2.0
接口	1Gigabit Ethernet、802.11ac WLAN、Bluetooth	1Gigabit Ethernet、802.11ac WLAN、Bluetooth	1Gigabit Ethernet、802.11ac WLAN、Bluetooth
尺寸	50mm × 87mm	50mm × 87mm	70mm × 45mm
其他	CAN、UART、SPI、I2C、I2S、GPIOs	UART、SPI、I2C、I2S、GPIOs	CAN、UART、SPI、I2C、I2S、GPIOs

3. 基于 FPGA 的计算方案（FPGA：半定制电路）

FPGA 是 GPU 在算法加速领域的最强竞争对手，它的主要优点是功耗低、成本低、性能高、硬件配置灵活、可编程等。相对 CPU 和 GPU 来说，FPGA 的价格便宜，在功耗有限制的条件下可以达到较高的性能。这种特点使得 FPGA 很适合预处理传感器的数据，此外，FPGA 还有可升级迭代的优点，处理器的迭代可以很好地迎合无人驾驶感知算法需要不断更新的特点。目前 FPGA 在深度学习和无人驾驶领域有许多应用，典型的有百度公司的 FPGA 版 AI 专用芯片以及 Intel 公司的 FPGA 片上系统 Cyclone V SoC。百度公司的机器学习硬件平台使用 FPGA 来设计芯片，相比其他芯片构成的系统，它在完成同等处理性能的任务时所消耗的能耗更低，同时所需求的存储带宽也比较低。原因就是 FPGA 的计算结果无需调用主存储器来做临时的保存，而是可以直接向下反馈。

针对汽车主机厂对能够量产的自动驾驶的需求，百度公司推出车规量产智能驾驶计算平台解决方案——ACU（Apollo Computing Unit），如图 3-9 所示。ACU 是百度公司自行设计和研发的满足车规要求和具备大规

图 3-9　ACU-Advanced 第一代硬件平台三视图

模量产能力的控制单元，能满足汽车主机厂对成本、性能和功耗三方面的严格要求。其中 ACU-Advanced 目前设计目标为 L3 自动驾驶硬件平台，主要聚焦于实现 AVP（Automated Valet Parking）的功能，同时可以兼容 TJP（Traffic Jam Pilot）、HWP（Highway Pilot）、AVM 等主要功能。

ACU-Advanced 系列产品根据汽车行业的严格要求，主要通过被动散热手段避免因风冷用的风扇导致的单点故障以及液冷带来的整车成本上升。

ACU-Advanced 计算平台框架结构如图 3-10 所示。ACU-Advanced 平台通过接口接入获取传感器的数据传输路径有以下几种方式。

① CAN 和 UART（串口）接口。这类接口的传感器如毫米波雷达和 GPS，一般是通过 CAN 或者 UART 接入到 MCU，再由 MCU 子系统按照一定的协议规范封装成消息发布到主系统，业务是部署在主系统中的，比如说决策规划、感知识别等模块的算法。

② ETH（车载以太网接口）。通过以太网接口可以连接激光雷达，外联其他的控制器如 T-BOX 等。以太网能够提供更高的数据带宽和信息吞吐量，对于大数据量的信息传输会有更大的优势。ETH 可以直接接入 SoC，进行大量信息处理。

③ GSML 接口。GSML 接口主要是接入摄像头，摄像头数据一般是原始图像数据，需要经过 ISP 的处理之后才能给自动驾驶算法使用。而且考虑到图像数据占据的储存空间以及传输时需要的带宽都比较大，为了提升传输的性能，降低延时。GSML 也同样直接接入 SoC。

④ GPIO 接口。GPIO 接口一般会直接接入超声波雷达，超声波雷达的检测信号可以方便地通过 GPIO 接口接入到 MCU，通过一定的协议规范封装成消息发布到主系统。

图 3-11 是 ACU-Advanced 计算平台硬件内部逻辑架构图。

ACU-Advanced 第一代产品"五仁"，核心由 Xilinx SoC 和 Infinieon MCU 两款芯片组成，SoC 端通过百度公司自研的 FPGA 加速策略提供强大的 AI 加速计算能力，MCU 端通过控制策略实现安全的控车和通信。该产品可以满足苛刻的温度条件，整体功耗低于 35W。

ACU-Advanced 计算平台内部包含了两个核心芯片，其中一颗是 Xilinx

学习任务 3　计算平台硬件认知

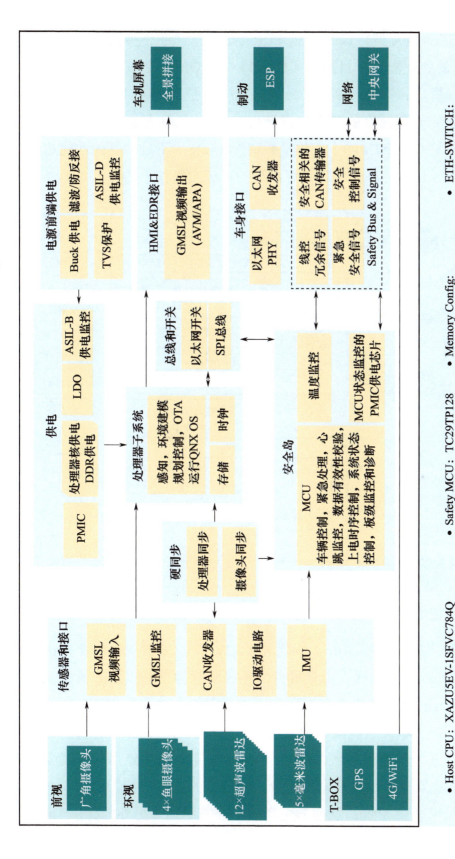

图 3-10　ACU-Advanced 计算平台框架结构

UltraScale MPSoCs 处理器，该 SoC 的 Processing System 一侧基于 ARM 架构提供类 CPU 的处理能力，目前由 4 核 A53 1.5GHz、2 核 R5 600MHz 提供丰富的接口资源；该 SoC 的 Processing Logic 是 FPGA，百度公司基于该部分做了大量定制化开发的工作，以提高其整体对 AI 相关应用的加速能力，可以提供 1.5TOPS@INT8［八位整数精度（int8）下处理器的性能达到 1.5TOPS，1TOPS 代表处理器每秒钟可进行一万亿次操作］的算力。

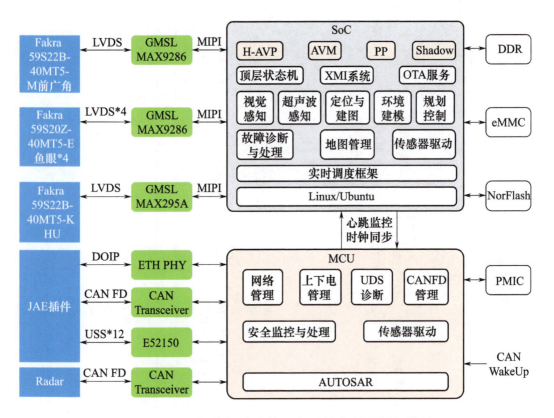

图 3-11　智能驾驶计算平台硬件内部逻辑架构图

另一颗为英飞凌公司的 Aurix 系列的 TC297，其多核架构包含多达三颗独立 32 位 TriCore 处理器。由于具备出色的实时性能，以及嵌入式安全与防护功能，Aurix 系列成为诸多汽车应用——譬如电动汽车和混合动力汽车控制、变速器控制单元、底盘、制动系统、电动助力转向系统、安全气囊和高级驾驶辅助系统的理想平台。此外，Aurix 采用的架构还可显著减少符合 ASIL D 标准的安全系统的开发工作量。与传统的锁步架构相比，安全系统的开发工作量可减少 30%，从而缩短产品的开发周期。另外，高达 100%

的性能裕量为实现更多功能和足够的资源缓冲，满足未来各种需求创造了条件。

4. 基于 ASIC 的计算方案（ASIC：专用集成电路）

ASIC（Application Specific Integrated Circuit）是一种为专门目的而设计的集成电路，分为全定制和半定制。全定制即需要开发设计人员完成全部的电路设计，效率较低，而半定制可以使用一些标准的逻辑单元，比如门电路、加法器、存储器等。ASIC 的特点与 FPGA 比较相近，都需要从原理图到数字系统建模再到软件仿真等设计步骤，数字 ASIC 的设计者通常使用硬件描述语言（HDL），如 Verilog 或 VHDL 来描述 ASIC 的功能。目前，随着功能尺寸的缩小和设计工具的改进，ASIC 中可能的最大集成度已经从 5000 个逻辑门增长到 1 亿多个。现代 ASIC 通常包括整个微处理器、内存块，包括 ROM、RAM、EEPROM、闪存和其他大型构建模块。这种 ASIC 通常称为 SoC（片上系统）。

地平线公司在 CES 2020 上推出了新一代自动驾驶计算平台 Matrix 2.0，如图 3-12 所示。该平台面向多层次、多场景的未来自动驾驶，搭载地平线征程二代车规级芯片，具备极致性能与高可靠性，可满足 L2～L4 级别的自动驾驶需求，为自动驾驶客户提供感知层的深度赋能。

a）多摄像头版本　　　　　　b）单摄像头版本

图 3-12　Matrix2.0 多摄像头版本（左）、单摄像头版本（右）

Matrix 2.0 具备高性能、低功耗等特点，可满足不同场景下高级别自动驾驶运营车队以及无人低速小车的感知计算需求。

图 3-13 所示为 Matrix 2.0 的框架结构。通过提供基础的"芯片+工具链"，并向开发者提供先进的模型编译器、完备的训练平台、场景驱动的 SDK、丰富的算法样例等工具和服务，赋予汽车感知、建模的能力，实现车内车外智能化，用边缘 AI 芯片全面赋能智能驾驶。

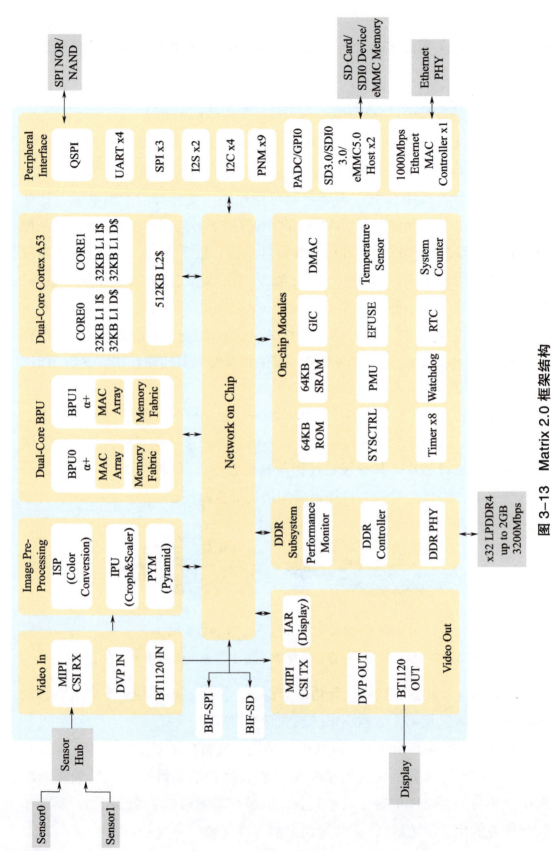

图 3-13　Matrix 2.0 框架结构

在感知层面，Matrix 2.0 可支持包括摄像头、激光雷达在内的多传感器感知和融合，实现高达 23 类语义分割以及六大类目标检测。值得一提的是，地平线在 Matrix 2.0 上实现的感知算法还能够应对复杂环境，支持在特殊场景或极端天气的情况下输出稳定的感知结果。

5. ISO 26262《道路车辆功能安全》的认知

安全已经成为汽车研发过程中的关键要素之一，新的功能不仅用于辅助驾驶，也应用于车辆的动态控制和涉及安全工程领域的主动安全系统。安全事件总是和产品功能及质量伴随在一起，功能安全是全部安全的内容之一，主要依赖于系统或设备对输入的正确操作。功能安全涉及开发过程的所有环节和部分，包括规范、设计、实现、整合、认证和验证，与此同时还包括生产、管理和服务流程。当每一个特定的安全功能获得实现，并且每一个安全功能必需的性能等级被满足的时候，功能安全目标就达到了。

随着软件和机电设备的应用，系统复杂性也在不断提高，来自系统失效和随机硬件失效的风险也日益增加，制定 ISO 26262 标准的目的是使得人们对安全相关功能有一个更好的理解，并尽可能明确地对它们进行解释，同时为避免这些风险提供了可行性的要求和流程。

ISO 26262《道路车辆功能安全》是在 IEC 61508《安全相关电气/电子/可编程电子系统功能安全》的基础上，以安全相关电子电气系统的特点为依据制定的功能安全标准，主要针对总重不超过 3.5t 的乘用车辆。

ISO 26262 为汽车安全提供了一个生命周期（管理、开发、生产、经营、服务、报废）理念，并在这些生命周期阶段中提供必要的支持。该标准涵盖功能性安全方面的整体开发过程（包括需求规划、设计、实施、集成、验证、确认和配置）。

ISO 26262 根据安全风险程度对系统或系统某组成部分确定划分由 A 到 D 的汽车安全完整性等级（Automotive Safety Integrity Level，ASIL），其中 D 级为最高等级，需要最苛刻的安全需求。伴随着 ASIL 等级的提高，针对系统硬件和软件开发流程的要求也随之增强。对系统供应商而言，除了需要满足现有的高质量要求外，还必须满足这些因为安全等级增加而提出的更高的要求。

系统安全可以从大量的安全措施中获得，包括各种技术的应用（如机械、液压、气动、电力、电子、可编程电子元件）。尽管 ISO 26262 是针对 E/E 系统的，但它仍然提供了基于其他相关技术的安全相关系统的框架，如：

1）在汽车生命周期（管理、研发、生产、运行、服务、拆解）和生命周期中必要的改装活动中提供必要的支持。

2）提供了决定风险等级的具体风险评估方法（汽车安全完整性等级）。

3）使用 ASIL 方法来确定获得可接受的残余风险的必要安全要求。

4）提供了确保获得足够的和可接受的安全等级的有效性和确定性措施。

资讯小结

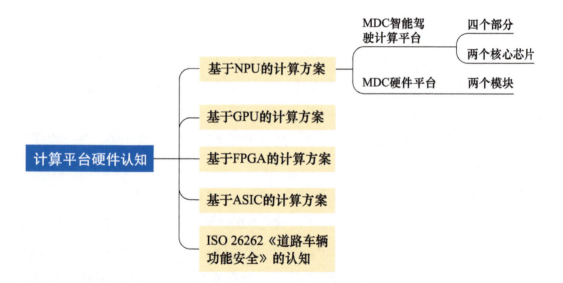

3.4 任务准备

1. 工具设备介绍

子任务模块	设备工具
区分计算平台所属类型，并讲述其特点	四种不同类型的计算平台

2. 实操预演

通过链接，区分计算平台所属类型，并讲述其特点。

3.5 任务实施

1. 前期准备

准备四种不同类型的计算平台。

2. 实操演练

实施步骤	图示	操作要点
1 简述华为 MDC 架构		熟悉华为 MDC 架构的各个模块，讲解各个模块的功能及作用
2 简述智行者 Brain Box Plus 架构		熟悉智行者 Brain Box Plus 架构的各个模块，讲解各个模块的功能及作用

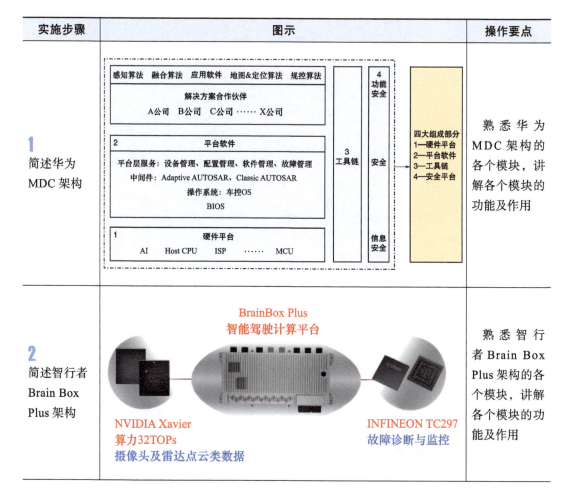

（续）

实施步骤	图示	操作要点
3 简述百度 ACU 架构		熟悉百度 ACU 架构的各个模块，讲解各个模块的功能及作用
4 简述地平线 Matrix 2.0 架构		熟悉地平线 Matrix 2.0 架构的各个模块，讲解各个模块的功能及作用

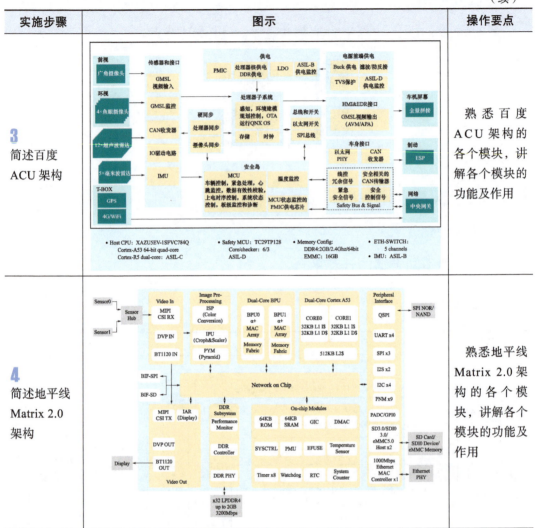

3.6 任务检查与评价

1. 任务评价

见附录 C　计算平台硬件认知评分标准。

2. 技能点小结

学习任务3　区分计算平台所属类型，并讲述其特点
1. 准备四种不同的计算平台，区分四种不同类型的计算平台
2. 简述四种平台的特点

学习任务 4
Python 基础知识

4.1 任务导入

智能网联汽车搭载有各种智能传感器、计算平台、智能座舱系统、底盘线控执行系统等部件。新来的一名技术员将要从事系统调试工作,你作为一名资深技术员,需要准确地向他介绍工作的流程,以及需要具备的专业知识和技能。

4.2 任务分析

知识目标	掌握基本的 Python 操作指令。
技能目标	能够正确使用 Python 基本指令。
素养目标	1. 具备综合学习能力。 2. 具备思维构建能力。

4.3 任务资讯

1. Python 概述

Python 是目前最重要的编程语言之一,并且已经成为一种通用语言。使用这种语言,可以创建大量多样的应用程序,因为它允许用户创建不同类型、没有明确目的的应用程序。Python 是一种用途广泛且功能强大的编程语言，由荷兰计算机程序员 Guido van Rossum 于 1991 年开发。自 1991 年以来，Python 由于其简单的语法，一直被用于向人们介绍编程，以及创建复杂的程序或分析大量数据。作为初学者，用户可以迅速地使用 Python 编写基本程序。

Python 如此受初学者欢迎的主要原因是该语言易于阅读和书写，其结构拟人化，易于理解。因此，代码非常人性化。这意味着用户不用刻意去记住语言或结构。此外，Python 自带了一些库和预设的功能，用户可以立即添加函数到代码中，这样可以节省许多时间。

Python 是一种免费提供的面向对象、具有动态语义的高级编程语言。许多程序员对 Python 赞不绝口，因为与其他编程语言相比，它的编辑 – 测试 – 调试周期更快，效率更高。

Python 语言的语法简单易学，其中有许多英文单词，更容易阅读，有助于提高生产力和效率。用 Python 编写程序时，用户会感觉更像是在用自己的思想写出问题的解决方案，而不是试图参考语言中需要的模糊符号来实现某些功能。

Python 可用于自动测量和交互式数据处理。与许多其他编程语言相比，该语言能够处理大型数据库和计算大量数据。它可以作为一种内部脚本语言，以便由其他程序执行某些功能。通过学习 Python，用户能够编写一些复杂的软件，如网络爬虫。Python 很容易掌握，是一种快速、友好和容易学习的语言。

用本地代码编译程序的问题是程序只能在目标平台上工作。例如，为 Windows 操作系统编译的程序在 MacOS 或基于 UNIX 的程序中无法工作。当然，用户可以使用第三方程序，如虚拟机来运行编译后的应用程序。

由于 Python 是一种解释型语言，Python 开发者不需要担心这个问题。因为 Python 解释器基本上是一种虚拟机，用户可以在几乎所有的平台和设备中运行（这是一个非常强大的优势）。

编译语言的另一个问题是编译过程本身。编译需要时间，一个有一千行代码的小程序可能需要一两分钟来编译。这起初似乎是个小问题，然而，如果用户需要调试（即故障排除）或对程序进行测试运行，用户将总是需要编译它。而这些一两分钟的编译时间很容易就会叠加起来。另一个问题是，用户不能轻易编辑程序。用户总是要编辑源代码，进行重新编译，并进行调试。而像 Python 这样的解释型语言就没有这些问题。一旦用户完成了代码，就可以直接运行它。如果用户对程序不满意，就可以回去编辑程序的代码并再次运行它。这就是开发人员喜欢依靠 Python 进行快速应用开发的原因。

用 Python 编写的程序经常被称为脚本，尤其是当它们的体积很小的时候。脚本是在一个运行环境中执行的小程序。就 Python 而言，运行环境就是 Python 解释器。

2. Python 中的数据类型

当用户在 Python 中创建变量时，其中存储的数据可以是许多不同的数据类型。例如，用户可以使用数值存储汽车的速度，然后使用字符串值存储汽车的名称。Python 可以使用多种不同的数据类型来存储不同类型的值，每个值都有自己的一组独特的操作，可用于操纵和使用变量。

Python 有 6 种标准变量类型：

（1）数字（Numbers） 数字数据类型存储数字。它们是在用户创建包含数值的变量时创建的。例如：

```
1. cat = 3
2. dog = 5
```

在这里，为变量"cat"分配一个数字值 3，为变量"dog"分配一个数字值 5。Python 自动将内存分配为数字值。

Python 支持 3 种数据类型：

① int：在 Python 3 中，所有类型的整数只有一种类型"int"。int 是最常用的数据类型。整数的值不受位数限制，并且可以扩展到可用内存的限制。例如：

```
1. i = 1 # 有一个 1 的值
```

② Float：浮点数据类型是双精度 64 位 IEEE 754 浮点。最小和最大范围太大了，这里就不讨论了。当使用的数字需要一定程度的精确度时，可以

使用浮点数,如货币。例如:

```
1. f = 1200.5 # 有一个 1200.5 的值
```

③ 复数:复数由由 x + yj 表示的有序实浮点数对组成,其中 x 是实数浮点数,而 yj 是它的虚部。例如:

```
1. complexSample = 3.14j
```

(2)字符串(Strings) 一个字符串被识别为一组引号内的连续字符集。与 java 不同,Python 允许字符串在单引号"""和双引号"""中声明。你也可以用方括号"[]/[:]"来"拼接"字符串,也可以添加字符串和多个字符串。例如:

```
1. cat = "cat" # 用双引号声明其值为字符串 cat
2. dog = 'dog' # 用单引号声明其值为字符串 dog
3. addingAnimals = dog + "mouse"# 把字符串 "mouse" 增加到 dog 的值中
4. multiplyAnimals = dog*3# 设置值为字符串 dog 乘以 3,返回值为 "dogdogdog"
5. spliceDog = dog[1] # 返回值为 dog 索引为 1 的位置
6. spliceCat = cat[0:2] # 返回值为 cat 索引为 0 到 2 的位置
```

当拼接字符串时,只需在字符串中加入方括号和你想要的索引。如果只有一个数字,它将只返回该索引的值(见 spliceDog 的例子)。如果有两个数字,它将返回从第一个数字的索引到第二个数字之前的索引的值。例如,在 spliceCat 中,值将是"ca",因为它从索引 0 开始,也就是"c",一直到 2 的索引,但不包括 2 的索引,因此它将在"a"结束,给 spliceCat 的值是"ca"。在拼接时,你也可以这样做:

```
1. first = "I am a set of strings"
2. second = "I am the second set of strings"
3. print(first[:5])# 打印索引 5 之前的所有内容
4. print(second[5:])# 打印索引 5 之后,包括 5 的所有内容
5. print(second[:])# 打印所有内容
```

通过判断在":"符号之前或之后有没有数字,系统将打印其他数值之前或之后的所有数值。在上面的例子中,"print(first[:5])"将打印从第一个索引到第 5 个索引的所有值。在"print(second[5:])"一行中,它将打印从

索引 5 开始一直到最后的所有第二个数值。最后一行"print(second[:])",将打印第二个的所有值,因为没有包括数字,所以基本上是从头打印到尾。

(3)列表(Lists) 一个列表包含多个由逗号分隔的项目,周围有方括号。列表与其他编程语言中的数组非常相似,如 java 和 c#,但有一个主要区别:用户可以让一个列表容纳多种不同类型的数据,而不像数组那样每个数组只能包含一种数据类型。列表中的值可以用上面拼接字符串的方式来访问。用户可以用方括号和符号":"分隔的数字来选择其要处理的值。例如:

```
1. firstList = ["first", 2, "third", 4, 5]
2. secondList = ["hello", 3, 4, "bye"]
3. print(firstList)# 打印 firstList 的所有内容
4. print(secondList)# 打印 secondList 的所有内容
5. print(firstList[1:])# 打印 firstList 中从索引 1 到结束的所有内容
6. print(secondList[1:3])# 打印 secondList 中从索引 1 到索引 3 的所有内容
7. print(firstList * 2)# 打印 firstList 2 次
8. print(firstList + secondList)# 打印 firstList 和 secondList
```

用户可以用与字符串相同的方式与列表进行交互,或是可以将列表相加,将列表相乘,甚至获得列表的子串。

(4)元组(Tuples) 元组是一种类似于列表的数据类型。元组也可以包含由逗号分隔的不同类型的数据,但是,它们不是由方括号括起来,而是由小括号"( )"括起来,而且它们不能被更新。元组可以被认为是只能被读取的列表,而不像列表那样可以读取和写入。例如:

```
1. firstTuple = ("first", 2, "third", 4, 5)
2. secondTuple = ("hello", 3, 4, "bye")
3. print(firstList)
4. print(secondList)
5. print(firstList[1:])
6. print(secondList[1:3])
7. print(firstList*2)
8. print(firstList+secondList)
```

请注意上面的例子与列表的例子几乎一样,唯一的区别是方括号被改成了小括号。这段代码将与列表代码一样被写到控制台,但是,如果试图改变这些列表中的一个值,将会得到一个错误。例如:

```
1. firstList = ["first", 2, "third", 4, 5]
2. firstTuple = ("hello", 3, 4, "bye")
3. firstList[2] = 1
4. firstTuple[2] = 2
```

在上面的代码中，用户创建了一个列表和一个元组。列表中用户成功地将索引 2 的值改为 1，但是当用户试图改变元组的索引 2 的值时，会得到一个错误，因为元组不像列表那样支持这个动作。

（5）字典（Dictionary） 字典由键值对组成。一个字典由一个名称组成，后面是一个键，然后容纳一定数量的值。一个键由方括号"[]"包围，而值则由大括号"{}"包围。Dictionary 的工作方式与真正的 Dictionary 类似。用户可以把一个键看作是一个词，然后把值看作是这个词的定义，或者这个词所包含的值。key 几乎可以是任何 Python 数据类型，但通常是单词或数字，而 Dictionary 所持有的值可以是任何东西。例如：

```
1. dict = {} # 宣告一个空的字典
2. dict["first"] = {3}
3. dict["second"] = {"I am the value of key second"}
4. secondDict = {"firstName": "Bob", "lastName": "Smith", "age": 25}
5. print(dict["first"]) # 打印键 "first" 的值
6. print(dict.keys()) # 打印所有的键值
7. print(secondDict.keys()) # 打印所有的键值
8. print(secondDict.values()) # 打印 secondDict 中的所有值
9. print(secondDict["firstName"]) # 打印键 "firstName" 的值
```

在这个例子中，展示了用户可以用多种方式处理字典。通过变量"dict"，分别声明每个键和值。正如用户所看到的，它与真正的字典非常相似，基本上是创建一个词并给它附加一个值。注意，键也可以是数字，但这个例子只使用字符串键。第二个字典"secondDict"在一行中声明了多个键和值。当这样做时，在大括号内，第一个值代表键，然后用":"隔开，用户赋予键值。然后用逗号把每个键和值分开，可以根据需求添加多个键。

（6）转换数据类型 在编写代码时，用户可能需要与多个变量类型打交道，需要将它们结合起来或一起使用。在这种情况下，用户需要将数据类型转换成相同的类型，以便能够将它们结合起来。幸运的是，有多种内置的方法可以非常容易地转换变量。下面是一些例子。

```
1. int(x,[,base]) # x是转换为 int 的值，而 base 代表基数，如果 x 是一个字符串的话
2. float(x) # 将 x 转换为一个浮点数
3. str(x) # 将 x 转换为一个字符串
4. tuple(x) # 将 x 转换为 Tuple
5. list(x) # 将 x 转换为一个列表
6. dict(x) # 将 x 转换为一个字典
7. Long(x,[,base]) # 将 X 转换为一个 Long。如果 x 是一个字符串，base 代表基数
8. Chr(x) # 将 x 转换为一个 char
```

3. Python 中的函数

（1）函数定义　　函数是被赋予一个标识符的代码块。这个标识符可以用来调用该函数。调用一个函数使程序执行该函数，而不管它在代码中位于何处。要创建一个函数，用户需要使用"def"关键字。def 基本上是定义，当用户用它来创建一个函数时，可以把它称为定义一个函数。例如：

```
1. >>> def doSomething():
2. print("Hello functioning world!")
3. >>> doSomething()
4. Hello functioning world!
5. >>> _
```

创建和调用一个函数是很容易的。函数的主要目的是让用户组织、简化和模块化其编译的代码。每当用户有一组代码需要不时地依次执行时，为这组代码定义一个函数，将为其编译的程序节省时间和空间。用户只需定义一个函数，而不是重复输入代码，甚至是复制粘贴。函数就像一个容器，在其内部存储着一行又一行的代码，就像一个包含一个特定值的变量。在 Python 中有两种类型的函数可以处理。第一种是内置或预设的，另一种是自定义或用户创建的函数。

无论是哪种方式，每个函数都有一个特定的任务，它可以执行。在创建任何一个函数之前所写的代码是赋予该函数一个身份和一个任务。现在，该函数知道它在被调用时需要做什么。

函数一般用括号来标识,在函数名称的后面。在这些圆括号内传递的对象,称为参数。有些函数允许使用某种类型的括号,而其他的则允许使用不同的括号。

接下来通过例子深入了解一下,看看函数是如何极大地帮助用户减少工作和更好地组织代码的。想象一下,用户有一个程序,在某个事件的直播中运行。该程序的目的是为观看直播的观众提供一个定制的问候语。想象一下,如果有相当多的观众决定加入观看该用户的直播媒体,用户需要重复写许多次同样的代码。但是有了函数,用户就可以轻松地工作。为了让用户创建一个函数,首先需要"定义"它。这就是一个叫作"def"的关键字出现的地方。当用户开始输入"def"时,Python立即知道要定义一个函数了。这时,用户会看到三个字母的颜色变成了橙色(根据不同运行环境,可能显示不同的颜色)。这是另一个确认Python知道用户要做什么的标志。

```
1. def say_hi():
```

这里,say_hi是用户决定使用的函数的名字,用户可以选择任何其喜欢的名字。记住,保持函数的名字具有描述性,以便让任何人都能理解和容易阅读代码。在用户命名了函数后,用括号跟上它。最后,加上冒号,让Python知道用户将要添加一个代码块。按回车键,开始一个新的缩进行。

现在,将要为每个加入直播媒体的观众打印出两条语句。

```
1. print("Hello there!")
2. print('Welcome to My Live Stream!')
```

在这之后,给两行空间,以消除那些在用户开始输入其他内容时出现的晃动的线条。现在,要想轻松地打印出来,只需输入函数的名称来调用它,然后运行程序。在这个例子中,它将是:

```
1. say_hi()
2. Output:
3. Hello there!
4. Welcome to My Live Stream!
```

现在,让用户通过给它一个参数使这个函数变得更加有趣。就在最上面一行"def say_hi()"的地方,在这里添加一个参数。在括号内输入"name"这个词作为参数。现在,这个词应该是灰色的(根据不同运行环境,可能显示不同的颜色),以确认 Python 已经将其理解为一个参数。

现在,用户可以利用这一点,进一步将问候语个性化,变成这样:

```
1. def say_hi(name):
2.     print(f"Hello there, {user}!")
3.     print('Welcome to My Live Stream!')
4. user = input("Please enter your name to begin:")
5. say_hi(user)
```

现在输出将询问观众关于他们的名字。然后,这将被存储到一个叫作 user 的变量中。由于这是一个字符串值,say_hi()应该能够很容易地接受它。通过传递"user"作为参数,输出如图 4-1 所示。

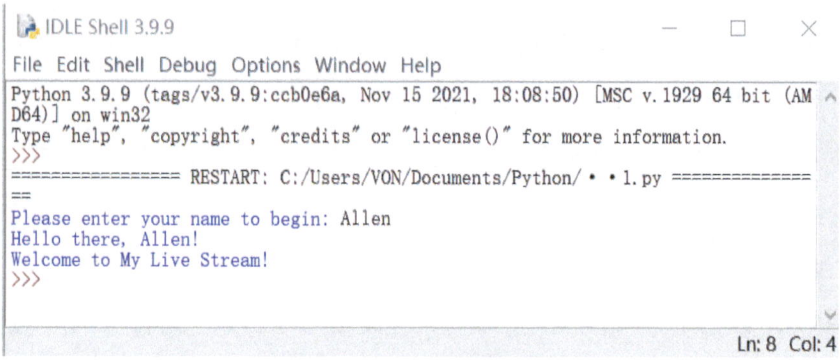

图 4-1 反馈图

用户可以添加任意多的行数,该功能将继续自我更新,并为不同名字的用户提供问候。有的时候,用户可能需要的不仅是观众的名字,可能还想询问一下观众的姓氏。为了补充这一点,在第一行加上这一点,并按照同样的方法相应地添加代码。

```
1. def say_hi(first_name, last_name):
2.     print(f"Hello there, {first_name} {last_name}!")
3.     print('Welcome to My Live Stream!')
4. first_name = input("Enter your first name:")
5. last_name = input("Enter your last name:")
6. say_hi(first_name, last_name)
```

现在，该程序将首先询问观众的名字，然后是姓氏。一旦排序完毕，程序将提供一个带有姓和名的个性化问候语。

然而，这些是位置参数，意味着用户输入的每个值都是有顺序的。如果用户要改变无名氏的名字的位置，无名氏将成为第一个名字，而 John 将成为最后一个名字。

希望读者现在对什么是函数以及如何访问和创建函数有了一个很好的概念。接着，将跳向更复杂的"返回"语句的前面。

（2）返回陈述　当用户希望创建能够返回一些值的函数时，可以用到返回语句。首先定义一个叫作"cube"的函数，它的功能是将数字乘以三次。如果用户希望 Python 返回一个值，可以使用以下代码。

```
1. def cube(number):
2. return number * number * number
```

用户通过输入"return"，就可以告诉 Python，希望它返回一个值，这个值以后可以存储在一个变量中或用于其他地方。

（3）如何定义和调用函数　首先，需要看一下用户是如何在这种语言中定义自己的函数的。在 Python 中，用户使用"def"语句，然后在它后面加上一个函数名和一些括号，就可以定义函数了。这让编译器知道用户在定义一个函数，以及用户想在这个时候定义哪个函数。当涉及定义这些函数时，会有一些规则，以确保用户编译的代码能够正常运行。在定义这些函数时，用户需要遵循的一些 Python 规则包括：

1）任何想使用的参数或输入参数都必须放在圆括号内，以便编译器知道发生了什么。

2）函数的第一句话可以是一个可选的语句。如果需要的话，可以是一个与用户定义的函数一起的文档字符串。

3）所有正在使用的函数中的代码都需要以冒号开始，并且需要缩进。

4）当得到的语句或表达式返回时，此时需要退出一个函数。然后可以选择传回一个值给调用者。一个没有带参数的返回语句会带来和 None 一样的返回值。

在用户可以熟练使用这些 Python 函数完成一些工作之前，需要花一些时间来理解在 Python 中声明这些函数时的缩进规则。同样的规则也适用于 Python 的其他一些元素，如声明条件、变量和循环。

可以发现，当涉及缩进时，Python 将遵循一种特殊的风格来帮助定义代码，因为这种语言中的函数不会有任何明确的开始或结束，就像语言中的大括号一样，以帮助指示该函数的开始和停止。这就是为什么要依靠缩进来代替。当用户在这里使用适当的缩进方式时，能确保编译器知道该函数何时被使用。

（4）全局变量　在 Python 中使用的全局变量是一个多用途的变量，在任何地方都可以使用。所用的变量可以在用户的程序或模块中运行，而在全域的任何地方，都可以使用数值。全局变量对于用户在从一个地方移动到另一个地方创建程序时非常有用。它的一些好处包括可以跨函数或模块使用该变量，以及它不需要重新声明。

（5）局部变量　与全局变量不同，局部变量是局部区域使用的。在 Python 函数或模块中声明，只能在特定的程序或 Python 模块中使用。当在特定的模块或任务之外出现时，Python 解释器将无法识别这些单元，从而显示一个未声明值的错误信息。

4. Python 中的类

（1）类的定义　类是一个可扩展的代码模板，用于创建对象。用户所写的所有代码都可以完全按原样写在类中。然而，类的创建允许用户将类中的变量和函数视为对象，用户可以在其他类甚至是其他 Python 脚本中使用。它还允许用户为同一个变量和函数创建多个实例。通过这个关于类的教程，可以深入了解面向对象的编程（OOP），以及 Python 中更多的高级知识。

下面是一些 Python 术语，当涉及面向对象编程时，这些术语是很有用的。

方法：在类的主体中声明的一个函数。

对象：一个数据类型的实例，由一个类定义。一个对象同时包含变量和方法。

实例：一个类的独立的对象。一个类的实例就像它的一个克隆体一样，结构相同，在它的编译方面独立于它。

继承：从一个类中获得的变量和方法，进入另一个类。

类变量：一个类的所有实例都有的变量，并且共享。它们是在一个类中创建的，但在一个方法之外。

实例变量：在一个方法中创建的变量，只属于一个类的一个实例。

（2）创建一个类　类的创建方式与函数类似，但用户不需要使用关键字"def"，而是使用关键字"class"。例如：

```
1. class classname:
2. classobject = classname()
```

用户首先说明关键词 class，然后是类的名称。不会像创建一个函数时那样使用到括号。用户可以通过创建一个"classname"类型的对象来引用该类中的内容。例如：

```
1. class sample:
2.     x = 3
3.     def __init__(self):
4.         print("this runs as soon as a class object is declared")
5.     def double (self, number):
6.         print("double is", number*2)
7. sampleObject = sample()
```

在这个例子中，x 被称为类变量，意思是它只是类中的一个变量。在类内，它可以像其他普通变量一样使用，但在类外，用户必须通过类的一个对象来访问它。每当用户创建一个新的类的实例时，函数"__init__"会被自动调用。如果用户运行上面的代码，可以注意到它会向控制台打印一些东西。这是因为当用户宣告 sampleObject 是一个样本对象时，就创建了一个新的类的实例，因此"__init__"被自动调用。注意，每当用户在一个方法里面创建一个函数时，必须让第一个参数是 self。self 在本质上只是引用了类，self 是类本身。

（3）创建类的实例　创建一个类的实例与创建一个变量非常相似。用户只需创建一个变量名，并使其等同于一个类。由于 __init__ 函数在一个新实例被创建时被调用，用户可以通过它使类像一个函数一样接受参数。例如：

```
1. class sample:
2.     x =3
3.     def changeX (self,number):
4.         self.x = number
5. sampleObject = sample()
6. sampleObject2 = sample()
7. sampleObject.x = 5
8. print(sampleObject2.x)
```

在这个例子中，用户创建了两个"样本"类的实例。每个实例都是独立的，当用户宣告"sampleObject.x = 5"时可以看到。这里就会发生，在"sample"类中，用户改变了 x 的值，但只是针对 sampleObject 对象。因为用户只改变了"sampleObject"的 x 值，而 sampleObject2 的 x 值并没有改变。正因为如此，当用户打印 sampleObject2.x 的值时，它仍然是 3，而不是 5，因为只有 sampleObject.x 被改变。例如：

```
1. class sample :
2.     x = 3
3.     def __init__(self, xValue):
4.         self.x = xValue
5.     def changeX (self, number):
6.         self.x = number
7. sampleObject = sample(5)
8. sampleObject2 = sample(6)
9. print(sampleObject.x)
10. print(sampleObject2.x)
```

在这个例子中，用户可以在创建类对象时加入参数。由于 __init__ 函数是在创建类对象时被调用的，可以给 __init__ 函数添加参数，这些参数可以被传递到类名后面的括号里。注意在 __init__ 函数中，用户在 x 前面添加了关键字"self"。这是为了让程序知道用户正在改变类的变量 x，而不是在函数内部创建一个名为 x 的新变量。当这个程序打印时，每个值都是不同的，并且有通过 __init__ 函数给出的值。

（4）获取类的属性　一个类中的任何属性都可以通过类对象来访问。用户可以通过类对象来访问变量，但方法也可以被访问。例如：

```
1. class sample :
2.     x = 3
3.     def changeX (self, number):
4.         self.x = number
5. sampleObject = sample()
6. sampleObject.x = 15
7. print(sampleObject.x)
8. sampleObject.changeX(13)
9. print(sampleObject.x)
```

类中的所有变量和函数都可以通过在类对象后面加一个点，然后写上变量或函数的名称来方便地引用和使用。在上面的代码中，用户直接改变了变量 x，并通过 changeX 函数来改变它。两者的引用方式都是一样的。

资讯小结

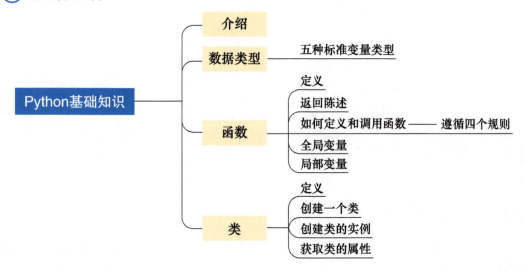

4.4 任务准备

1. 工具设备介绍

子任务模块	设备工具
任务 1 Python 运行环境的安装	Python 3.9
任务 2 学习 Python 中输出语句的用法	Python 3.9

（续）

子任务模块	设备工具
任务 3 学习 Python 中输入语句的用法	Python 3.9
任务 4 学习 Python 中字符串的用法	Python 3.9
任务 5 学习 Python 中列表的用法	Python 3.9
任务 6 学习 Python 中元组的用法	Python 3.9
任务 7 学习 Python 中字典的用法	Python 3.9
任务 8 学习 Python 中函数的用法	Python 3.9
任务 9 学习 Python 中类的用法	Python 3.9

2. 实操预演

第一步　通过链接，学会正确安装 Python 运行环境。

第二步　通过链接，熟练掌握 Python 中指令的用法。

Python 运行
环境的安装

学习 Python
中函数的用法

学习 Python
中类的用法

学习 Python
中列表的用法

学习 Python 中
输出语句的用法

学习 Python 中
输入语句的用法

学习 Python
中元组的用法

学习 Python
中字串的用法

学习 Python
中字典的用法

4.5　任务实施

1. 前期准备

准备联网的计算机。

2. 实操演练

🔜 任务 1 Python 运行环境的安装

实施步骤	图示	操作要点
1 进入 Python 官网进行下载		进入 Python 官网（https://www.python.org/），选择 Windows 版进行下载
2 选择 Python 版本进行下载		选择下载 Python Windows 64 位版，版本号为 3.9.9。根据计算机系统选择 32 位或 64 位版本
3 安装 Python		双击 Python 安装文件，进行安装
4 进行 Python 安装 1		进入安装窗口，勾选"Add Python 3.9 to PATH"
5 进行 Python 安装 2		单击"Install Now"

（续）

实施步骤	图示	操作要点
6 进行 Python 安装 3	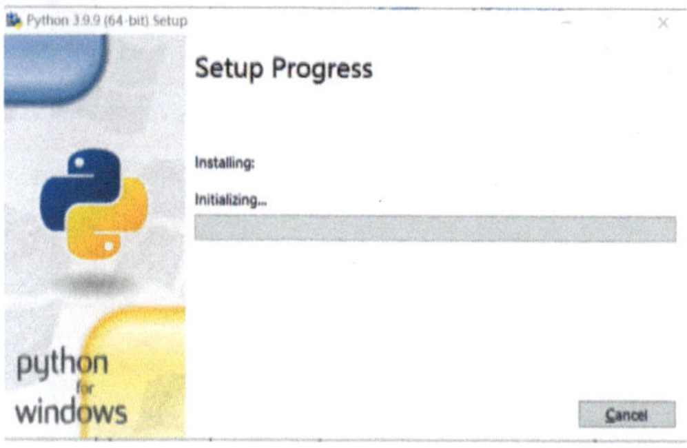	等待软件安装完成
7 完成 Python 安装	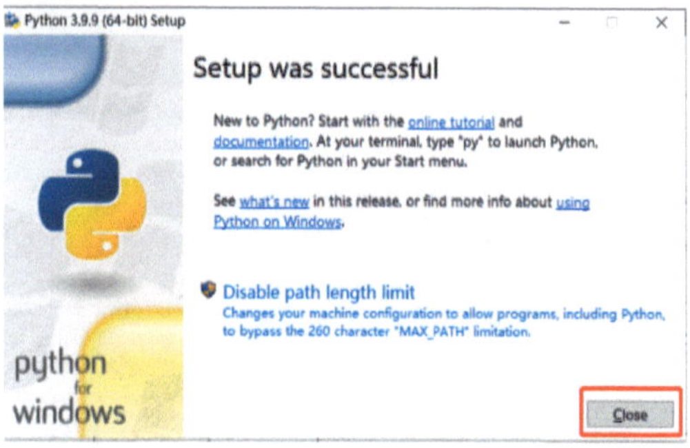	看到提示"Setup was successful"，说明安装 Python 成功，单击"Close 按钮"关闭安装窗口

● 任务 2　学习 Python 中输出语句的用法

实施步骤	图示	操作要点
1 运行 Python	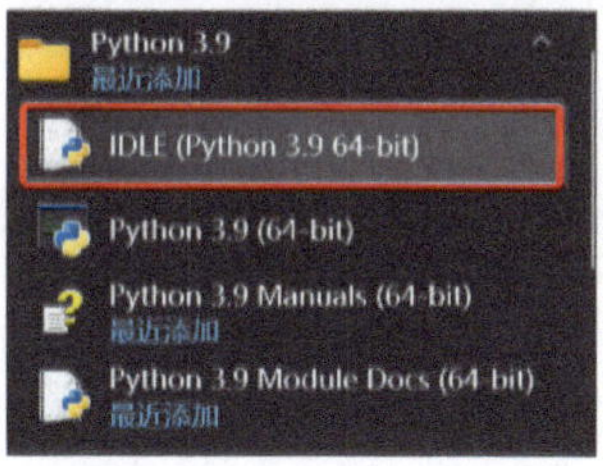	打开程序 IDLE（Python 3.9），运行 Python
2 新建一个窗口	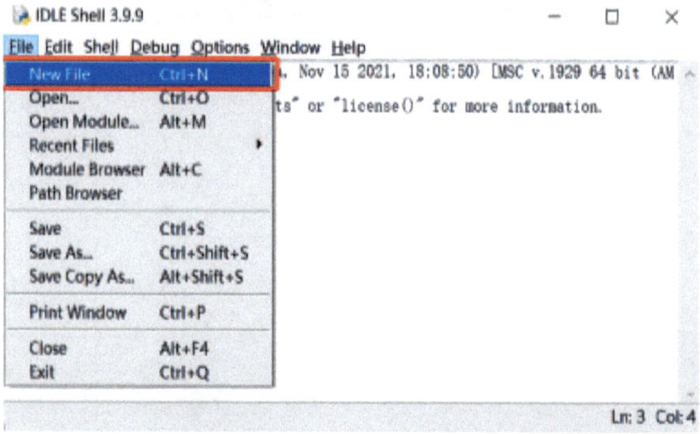	单击"File"→"New File"，打开新的窗口

（续）

实施步骤	图示	操作要点
3 创建新文件，命名并保存		在新的窗口上，单击"File"→"Save"，为创建的新文件命名并保存

4 在Python中输入"Hello World"的程序代码		在窗口中输入代码：
		`print("Hello world")`
		`n = 1`
		`m = 2`
		`print( n + m + 3 )`
		`print(( 1 + 2 + 3 + 4 ) / 4 )`

5 运行程序		单击"Run"→"Run Module"，运行程序
6 输出最终结果		弹出新的窗口，显示输出结果

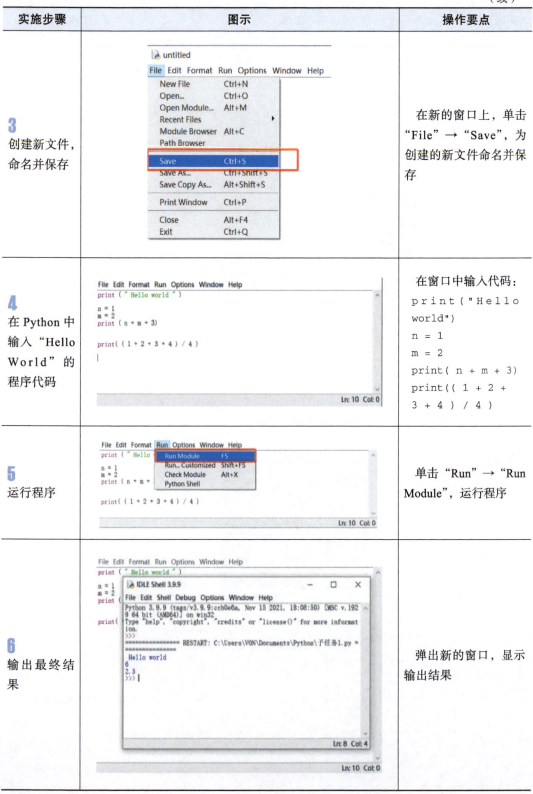

任务 3　学习 Python 中输入语句的用法

实施步骤	图示	操作要点
1 运行 Python	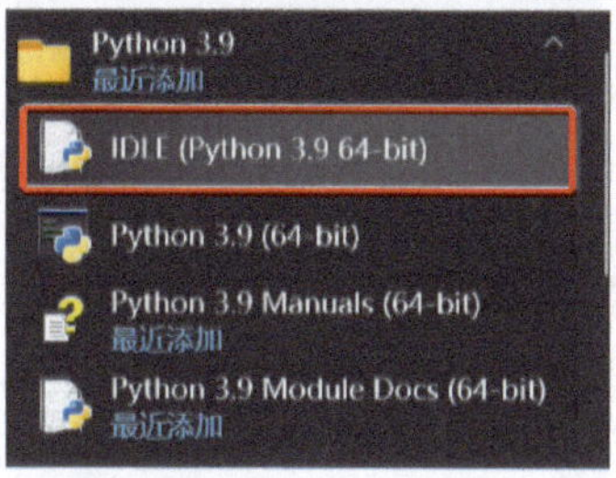	打开程序 IDLE（Python 3.9），运行 Python
2 新建一个窗口	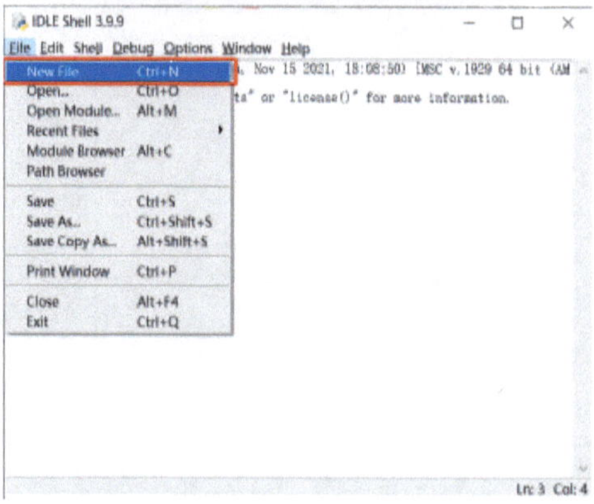	单击"File"→"New File"，打开新的窗口
3 创建新文件，命名并保存	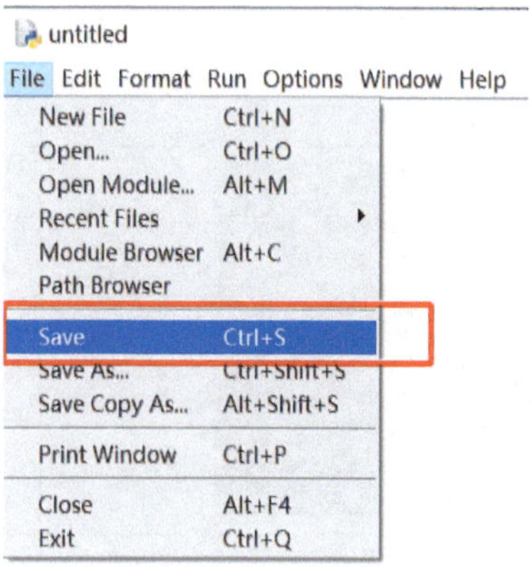	在新的窗口上，单击"File"→"Save"，为创建的新文件命名并保存
4 在 Python 中输入"两数字相加"的程序代码	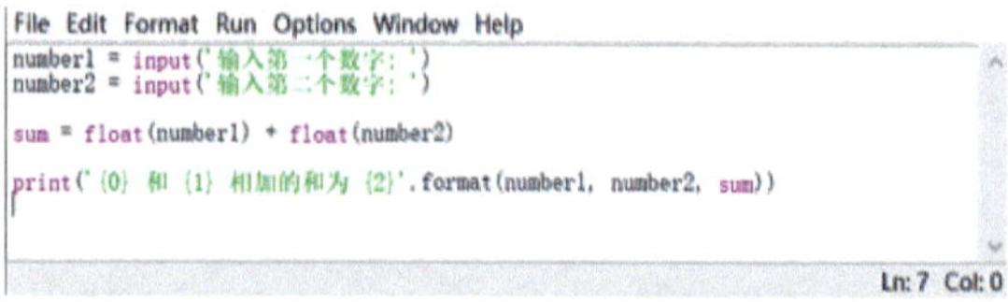	在窗口中输入代码： number1=input('输入第一个数字：') number2=input('输入第二个数字：') sum= float(number1)+float(number2) print('{0} 和 {1} 相加的和为 {2}'.format(number1,number2,sum))

（续）

实施步骤	图示	操作要点
5 运行程序	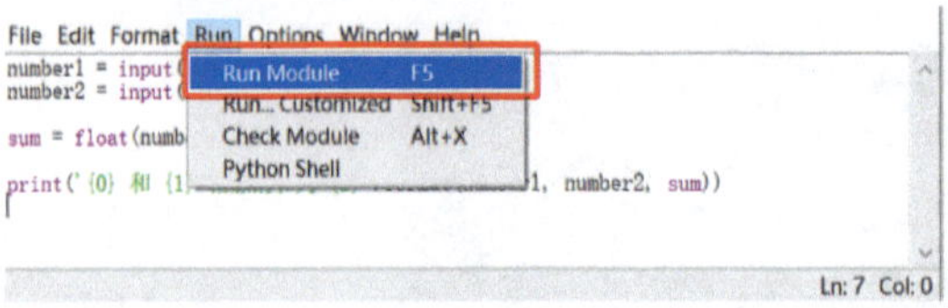	单击"Run"→"Run Module"，运行程序
6 自定义输入两个数字	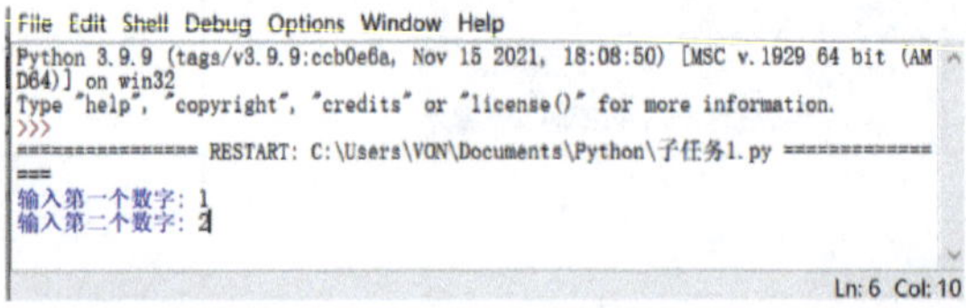	弹出新的窗口，输入自定义的第一个数字和第二个数字，每次输完一个数字就按"Enter"键
7 显示输出结果	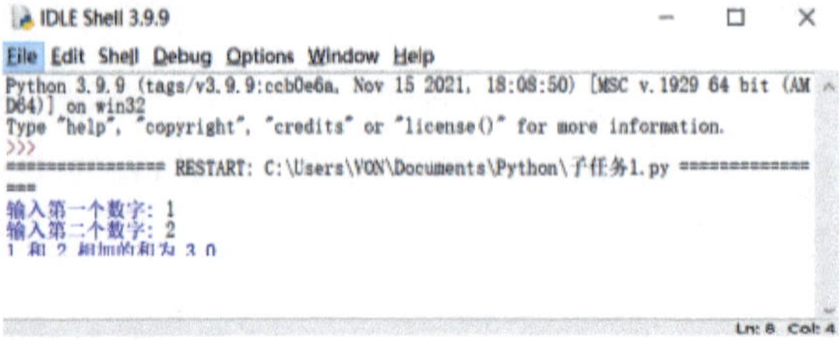	输出结果为之前输入的2个数字相加的和

任务 4 学习 Python 中字符串的用法

实施步骤	图示	操作要点
1 运行 Python		打开程序 IDLE（Python 3.9），运行 Python
2 新建一个窗口	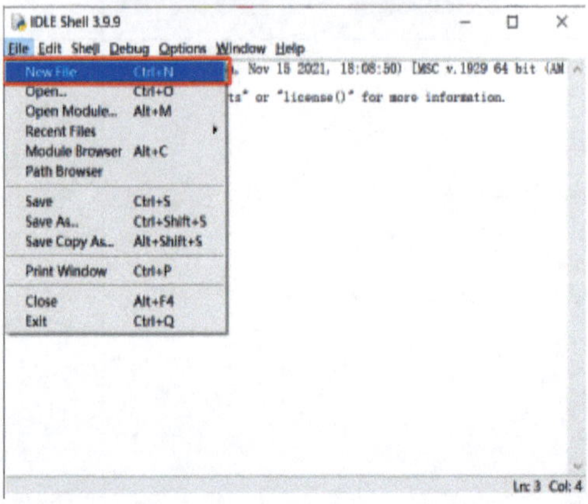	单击"File"→"New File"，打开新的窗口

(续)

实施步骤	图示	操作要点
3 创建新文件，命名并保存	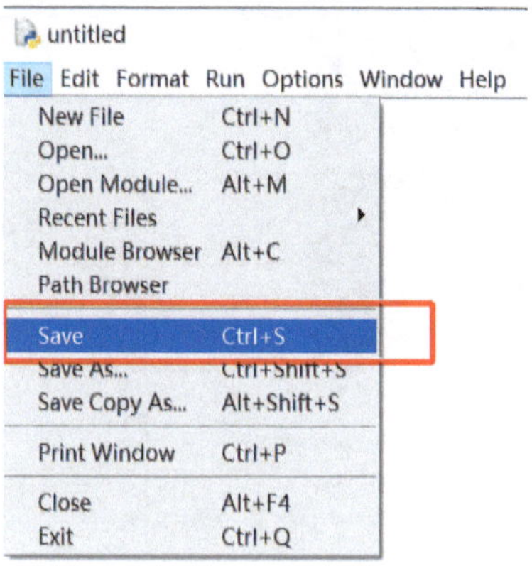	在新的窗口上，单击"File"→"Save"，为创建的新文件命名并保存
4 在 Python 中输入"字串输出"的程序代码	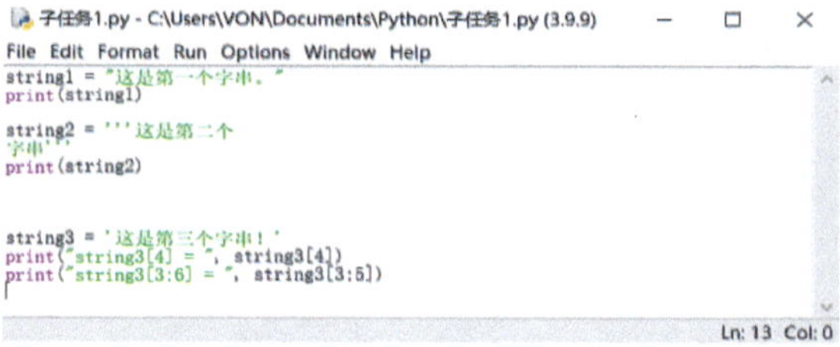	在窗口中输入代码： string1 = "这是第一个字串。" print(string1) string2 ='''这是第二个字串''' print(string2) string3 = '这是第三个字串！' print("string3[4]=", string3[4]) print("string3[3:6]=", string3[3:5])
5 运行程序	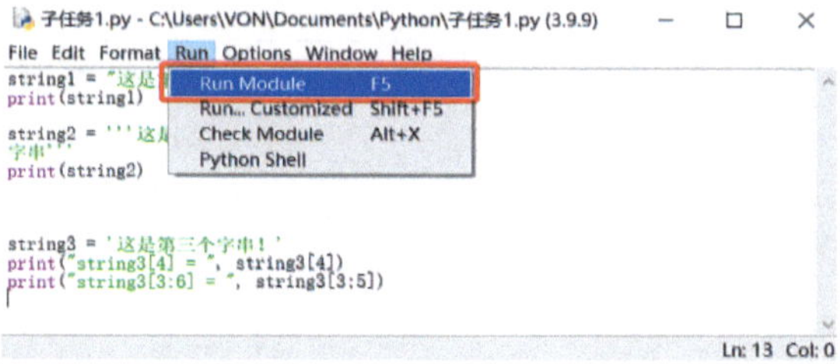	单击"Run"→"Run Module"，运行程序
6 输出最终结果	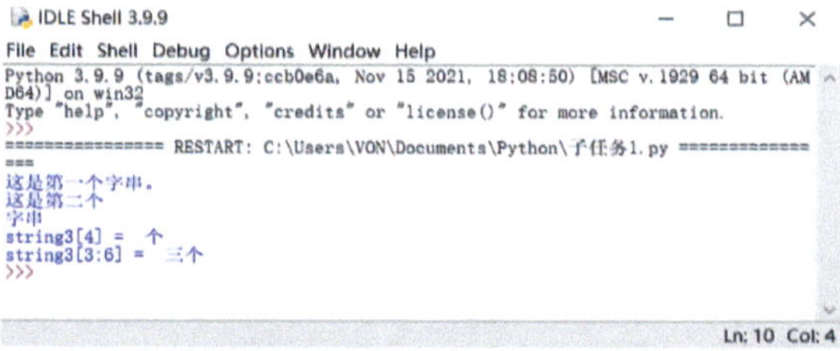	弹出新的窗口，显示输出结果

任务 5　学习 Python 中列表的用法

实施步骤	图示	操作要点
1 运行 Python	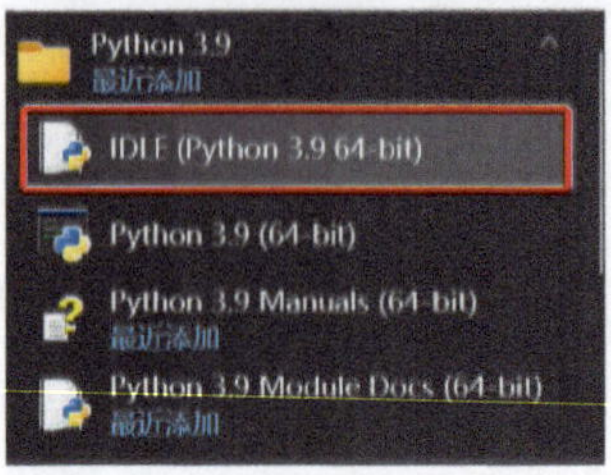	打开程序 IDLE（Python 3.9），运行 Python
2 新建一个窗口	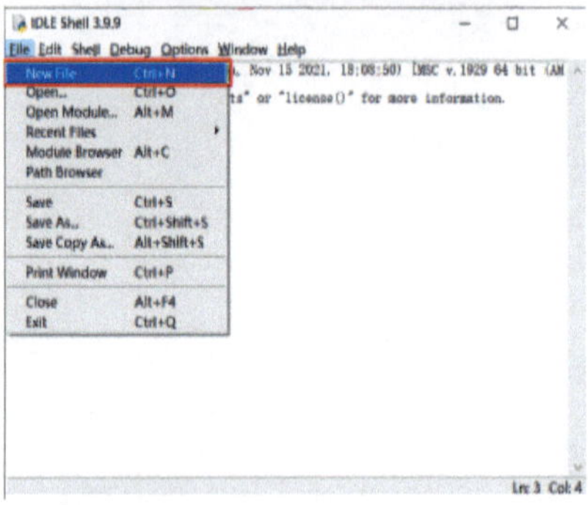	单击 "File" → "New File"，打开新的窗口
3 创建新文件，命名并保存	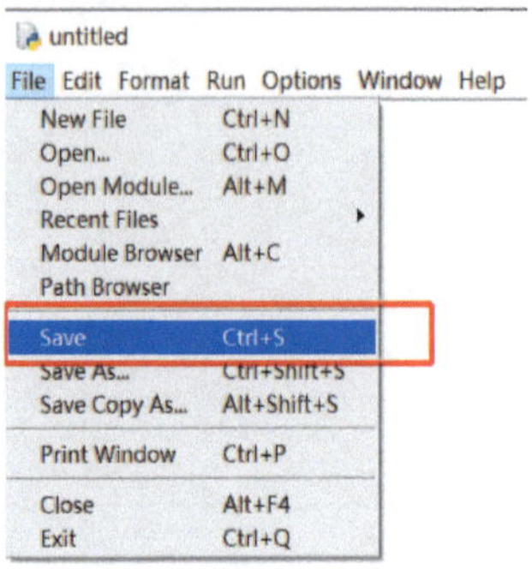	在新的窗口上，单击 "File" → "Save"，为创建的新文件命名并保存
4 在 Python 中输入 "列表" 的程序代码	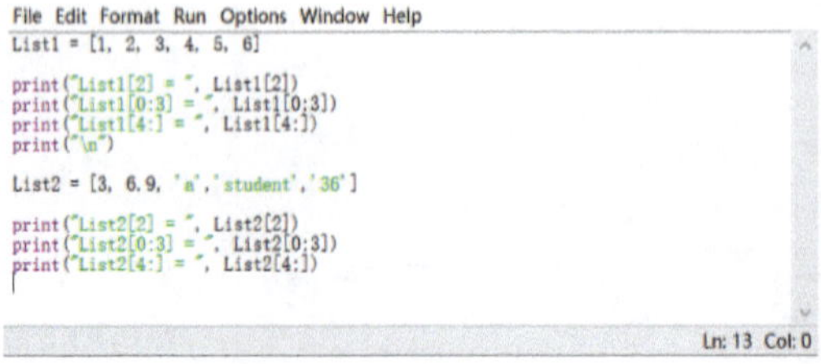	在窗口中输入代码： List1 = [1,2,3,4,5,6] print("List1[2]=", List1[2]) print("List1[0:3]=", List1[0:3]) print("List1[4:]=", List1[4:]) print("\n") List2=[3,6.9,'a','student','36'] print("List2[2]=", List2[2]) print("List2[0:3]=", List2[0:3]) print("List2[4:]=", List2[4:])

（续）

实施步骤	图示	操作要点
5 运行程序	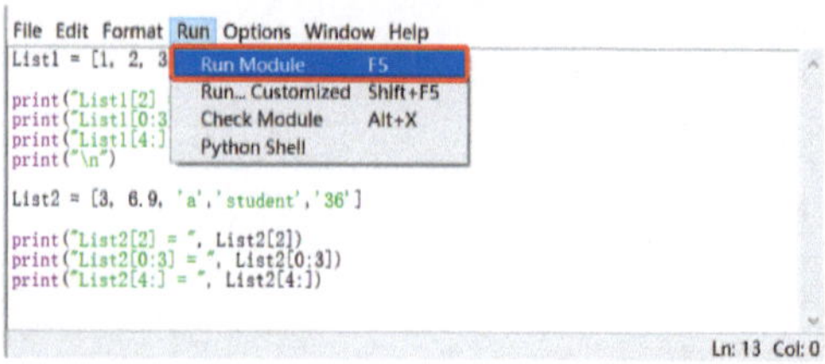	单击"Run"→"Run Module"，运行程序
6 输出最终结果	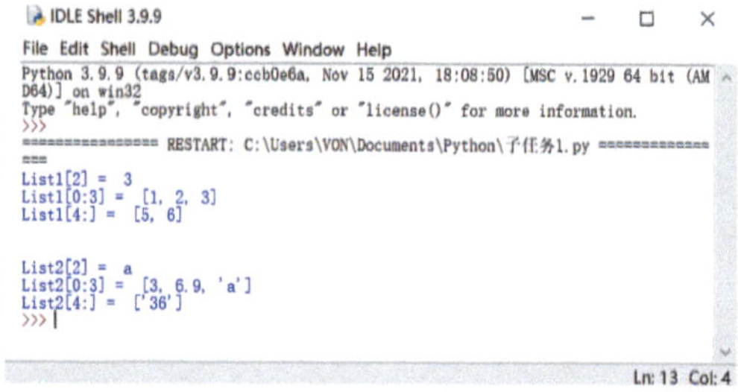	弹出新的窗口，显示输出结果

➡ 任务 6　学习 Python 中元组的用法

实施步骤	图示	操作要点
1 运行 Python	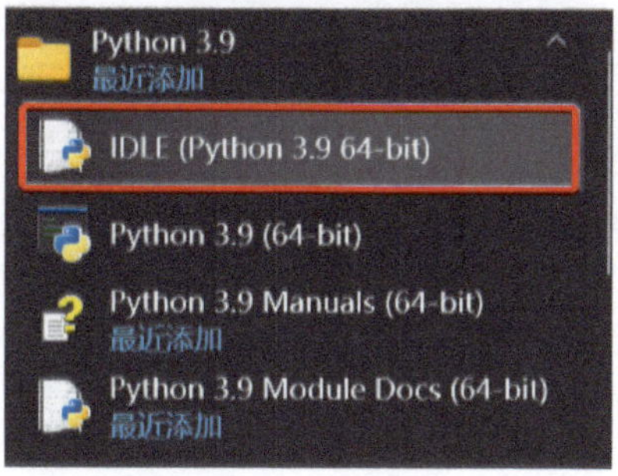	打开程序 IDLE（Python 3.9），运行 Python
2 新建一个窗口	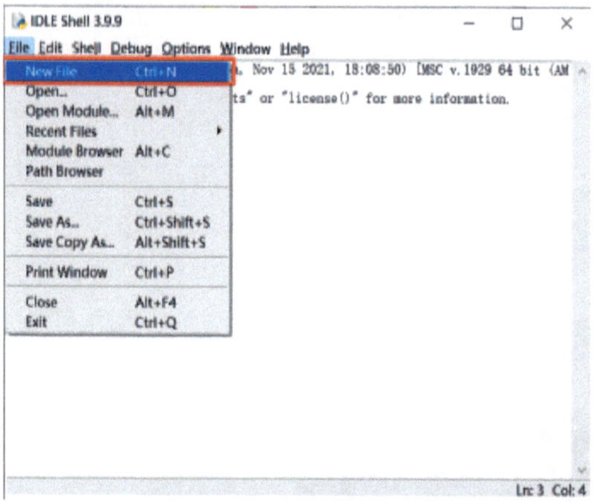	单击"File"→"New File"，打开新的窗口

065

（续）

实施步骤	图示	操作要点
3 创建新文件，命名并保存		在新的窗口上，单击"File"→"Save"，为创建的新文件命名并保存
4 在 Python 中输入"元组"的程序代码		在窗口中输入代码： i = 1 n = (3,'student', 6.9) print("n[1]=", n[1]) print("n[0:3]=", n[0:3])
5 运行程序		单击"Run"→"Run Module"，运行程序
6 输出最终结果		弹出新的窗口，显示输出结果

🔘 任务 7　学习 Python 中字典的用法

实施步骤	图示	操作要点
1 运行 Python		打开程序 IDLE（Python 3.9），运行 Python

（续）

实施步骤	图示	操作要点
2 新建一个 窗口	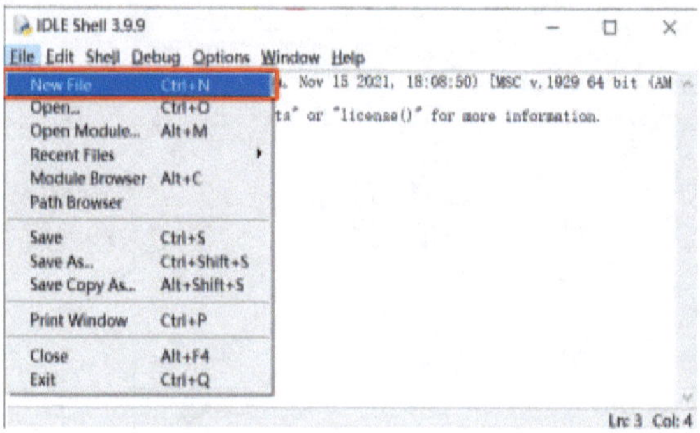	单击"File"→"New File"，打开新的窗口
3 创建新文件， 命名并保存	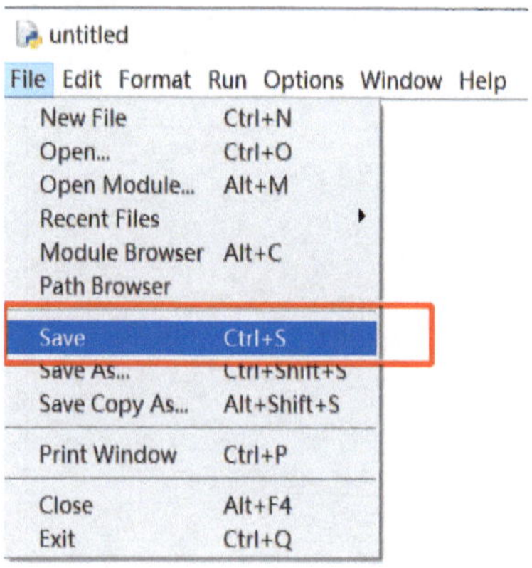	在新的窗口上，单击"File"→"Save"，为创建的新文件命名并保存
4 在Python中输入"字典"的程序代码	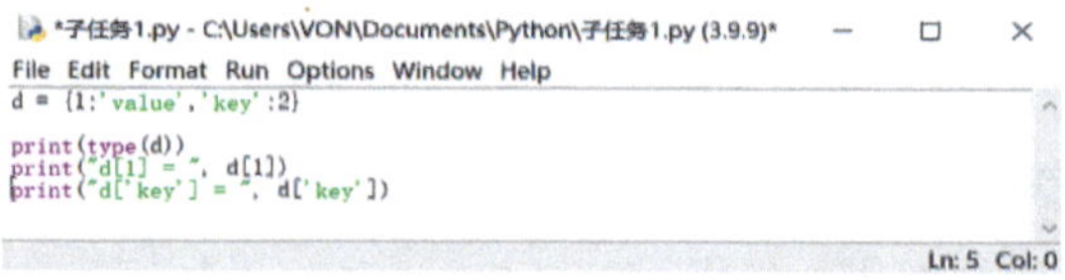	在窗口中输入代码： d= {1:'value','key':2} print(type(d)) print("d[1]=", d[1]) print("d['key']=", d['key'])
5 运行程序	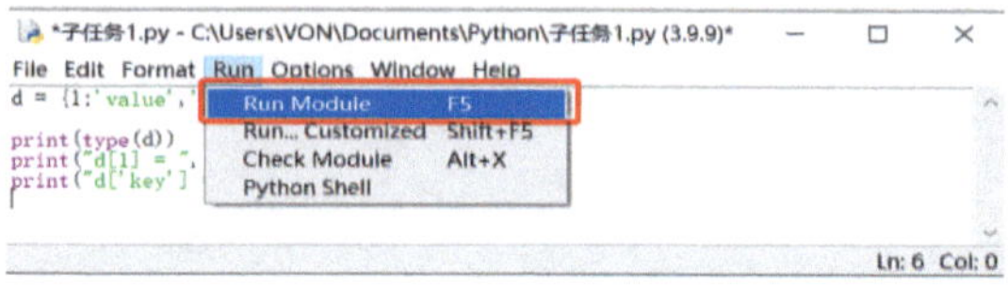	单击"Run"→"Run Module"，运行程序
6 输出最终结果	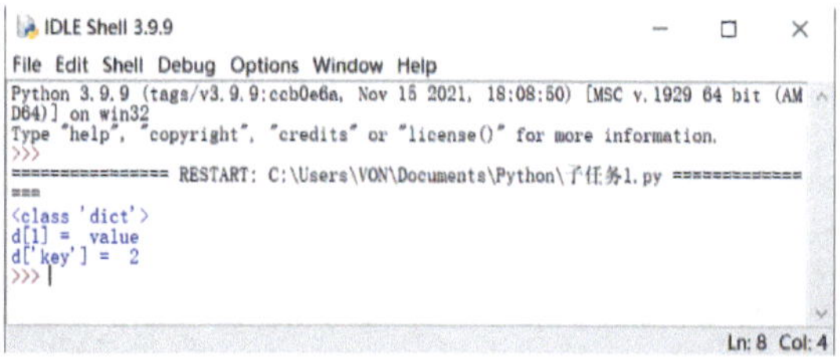	弹出新的窗口，显示输出结果

任务 8　学习 Python 中函数的用法

实施步骤	图示	操作要点
1 运行 Python		打开程序 IDLE（Python 3.9），运行 Python
2 新建一个窗口	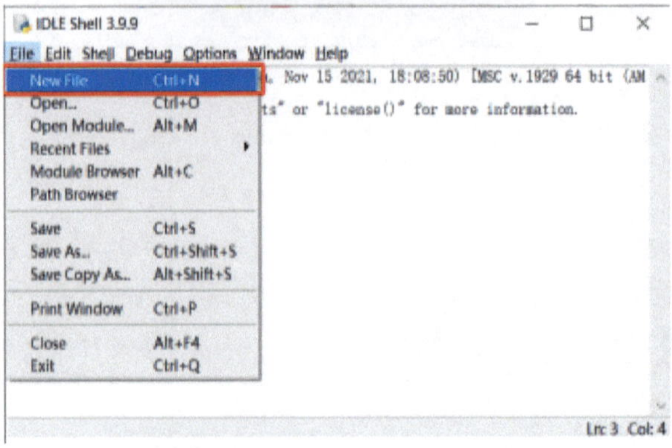	单击 "File" → "New File"，打开新的窗口
3 创建新文件，命名并保存	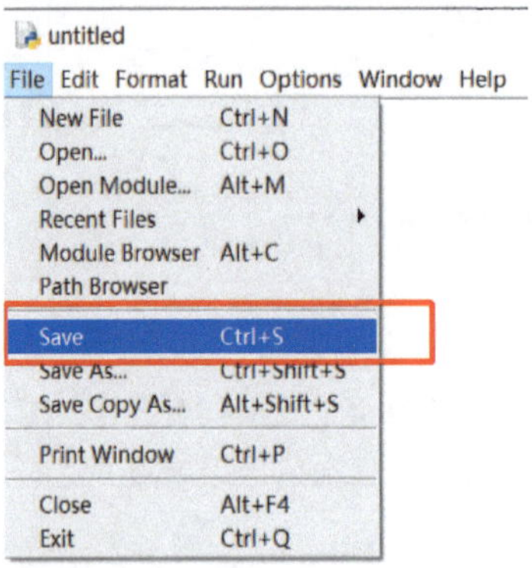	在新的窗口上，单击 "File" → "Save"，为创建的新文件命名并保存

4
在 Python 中输入"函数"的程序代码
	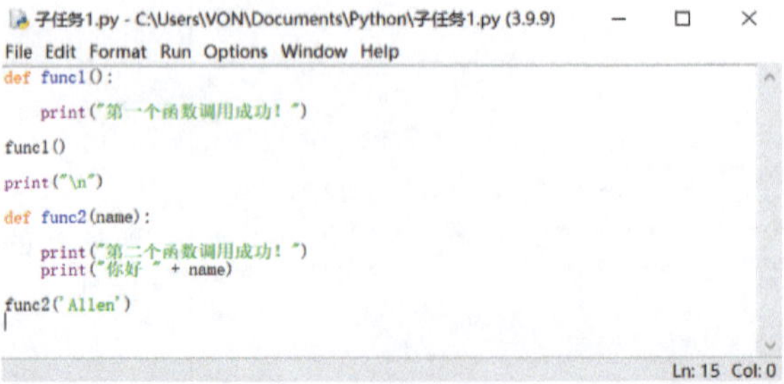	在窗口中输入代码：
		`def func1():`
		　　`print("第一个函数调用成功！")`
		`func1()`
		`print("\n")`
		`def func2(name):`
		　　`print("第二个函数调用成功！")`
		　　`print("你好" + name)`
		`func2('Allen')`

（续）

实施步骤	图示	操作要点
5 运行程序	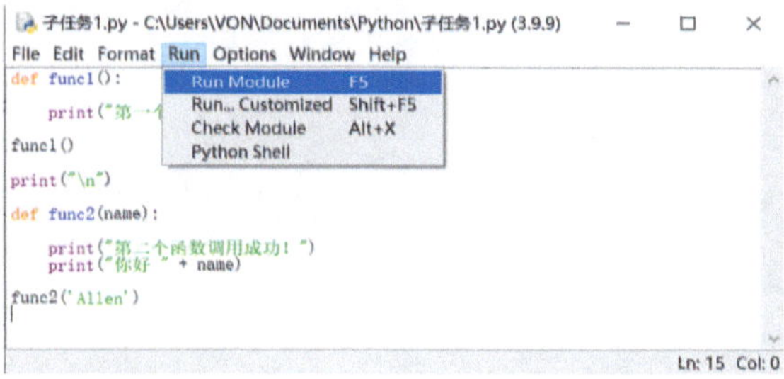	单击"Run"→"Run Module"，运行程序
6 输出最终结果	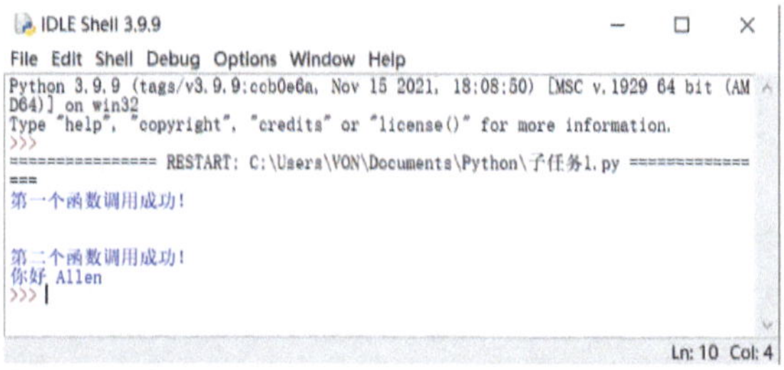	弹出新的窗口，显示输出结果

▶ 任务 9　学习 Python 中类的用法

实施步骤	图示	操作要点
1 运行 Python	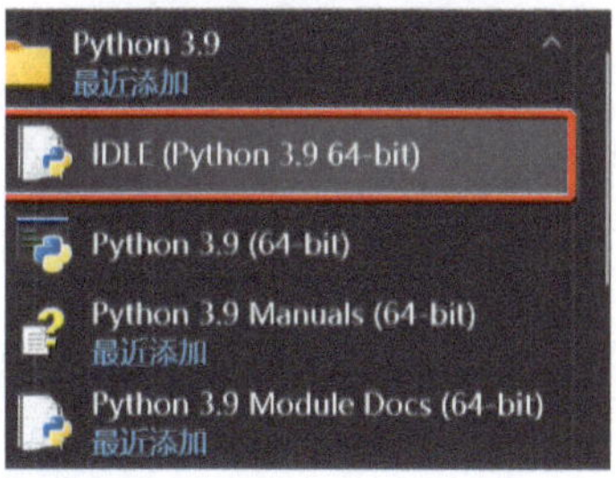	打开程序 IDLE（Python 3.9），运行 Python
2 新建一个窗口	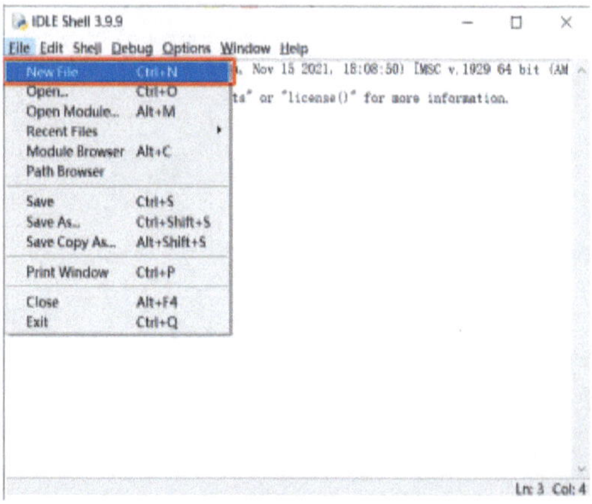	单击"File"→"New File"，打开新的窗口

069

（续）

实施步骤	图示	操作要点
3 创建新文件，命名并保存	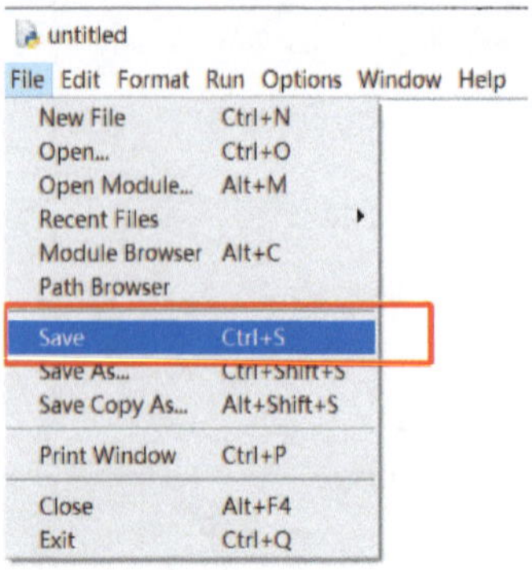	在新的窗口上，单击"File"→"Save"，为创建的新文件命名并保存

4 在 Python 中输入"类"的程序代码	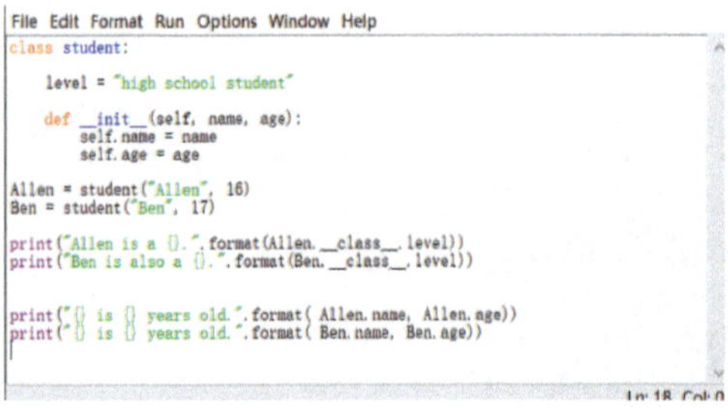	在窗口中输入代码：
		class student:
		
		    level ="high school student"
		    def __init__(self, name, age):
		        self.name = name
		self.age = age
		Allen = student("Allen", 16)
		Ben = student("Ben", 17)
		
		print("Allen is a {}.".format(Allen.__class__.level))
		print("Ben is also a {}.".format(Ben.__class__.level))
		print("{} is {} years old.".format(Allen.name, Allen.age))
		print("{} is {} years old.".format(Ben.name, Ben.age))

5 运行程序	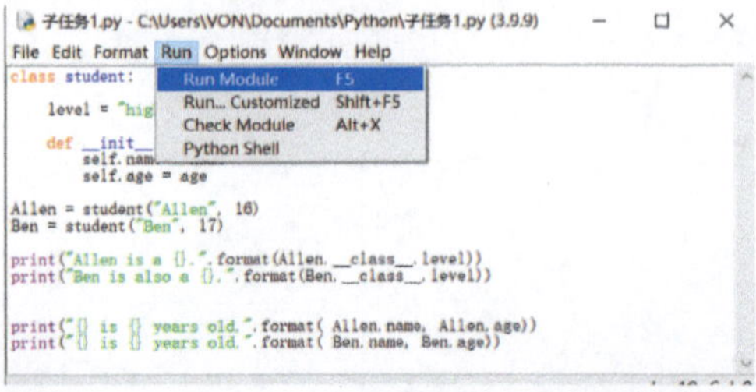	单击"Run"→"Run Module"，运行程序

（续）

实施步骤	图示	操作要点
6 输出最终结果	IDLE Shell 3.9.9 窗口显示运行结果：Allen is a high school student. Ben is also a high school student. Allen is 16 years old. Ben is 17 years old.	弹出新的窗口，显示输出结果

4.6 任务检查与评价

1. 任务评价

见附录 D　Python 基础知识评分标准。

2. 技能点小结

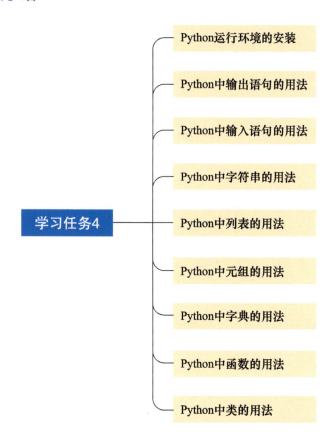

学习任务4
- Python运行环境的安装
- Python中输出语句的用法
- Python中输入语句的用法
- Python中字符串的用法
- Python中列表的用法
- Python中元组的用法
- Python中字典的用法
- Python中函数的用法
- Python中类的用法

学习任务 5
Linux 基础知识

5.1 任务导入

智能网联汽车搭载有各种智能传感器、计算平台、智能座舱系统、底盘线控执行系统等部件。新来的一名技术员将要从事系统调试工作,你作为一名资深技术员,需要准确地向他介绍工作的流程,以及需要具备的专业知识和技能。

5.2 任务分析

知识目标	1. 掌握基本的 Linux 操作指令。 2. 掌握简单的 Linux 环境下 Python 的编译方法。
技能目标	1. 能够正确使用 Linux 基本指令。 2. 能够在 Linux 下正确编译 Python 语言程序。
素养目标	1. 具备综合学习能力。 2. 具备思维构建能力。

5.3 任务资讯

1. Linux 操作系统

智能驾驶计算平台自底向上划分为硬件平台、系统软件、功能软件和应用软件四层结构。硬件平台基于异构分布式架构，提供可持续扩展的计算能力。系统软件包括操作系统和中间件，为上层提供调度、通信、时间同步、调试诊断等基础服务。功能软件包括感知、决策、规划和控制等智能驾驶核心功能的算法组件。

2. Linux 常用指令

Linux 常用指令见表 5-1。

表 5-1　Linux 常用指令

分类	指令
文件传输	ftp、tftp
备份解压	bunzip2、bzip2、compress、gunzip、gzip、tar、unzip、zip、zipinfo
文件管理	diff、file、find、ln、locate、mv、rm、touch、cat、chmod、cp
磁盘管理	cd、df、du、ls、mkdir、pwd、mount、umount、tree、stat、fdisk
系统设置	alias、unalias、lsmod、insmod、rmmod、modinfo、modprobe、export、passwd、rpm、setenv、setup
系统管理	adduser、date、exit、free、halt、id、kill、last、login、logout、ps、reboot、shutdown、su、sudo、top、uname、useradd、userdel、who
文档编辑	grep、egrep、fgrep、rgrep、fold、sed、tr、sort
网络通信	telnet、httpd、minicom、samba、ping、ifconfig、netstat

（1）开关机指令

　　　　reboot　　　用于重启机器
　　　　poweroff　　用于关闭系统

（2）cd 指令　cd 指令用来切换工作目录至 dirname。其中 dirname 表示法可为绝对路径或相对路径。若目录名称省略，则变换至使用者的 home directory（也就是注册时所在的目录）。

　　　　cd /　　　进入目录
　　　　cd ~　　　进入"家"目录
　　　　cd -　　　进入上一次工作路径

（3）查询指令的作用 whatis 指令用于查询一个指令执行什么功能，并将查询结果打印到终端上。whatis 指令在用 catman-w 指令创建的数据库中查找 command 参数指定的指令、系统调用、库函数或特殊文件名。Whatis 指令显示手册部分的页眉行。然后可以发出 man 指令以获取附加的信息。Whatis 指令等同于使用 man-f 指令。

（4）搜索文件或目录路径 locate 指令其实是 find-name 的另一种写法，但是要比后者快得多，原因在于它不搜索具体目录，而是搜索一个数据库 /var/lib/locatedb，这个数据库中含有本地所有文件信息。Linux 系统自动创建这个数据库，并且每天自动更新一次，所以使用 locate 指令查不到最新变动过的文件。为了避免这种情况，可以在使用 locate 之前，先使用 updatedb 指令，手动更新数据库。

```
语法： locate  选项  参数
locate 常用选项： -d<目录> 或 -database=<目录>   指定数据库所在的目录
                -u                              更新 slocate 数据库
                -help                           显示帮助
                -version                        显示版本信息
```

（5）查看目录 ls 指令用来显示目标列表，是 Linux 中使用率较高的指令。Ls 指令的输出信息可以进行彩色加亮显示，以分区不同类型的文件。

```
语法： ls  选项  参数
ls 常用选项： -a    可查看当前目录下包括隐藏文件在内的文件（隐藏文件
                   以 . 开头）
             /etc  查看 /etc 目录下的内容
             -l    列出详细信息，包括文件大小、访问权限等
             -d    仅显示目录名，而不显示目录下的内容列表
```

（6）显示当前路径 pwd 指令以绝对路径的方式显示用户当前工作目录。该指令将当前目录的全路径名称（从根目录）写入标准输出。全部目录使用"/"分隔。第一个"/"表示根目录，最后一个目录是当前目录。执行

pwd 指令可立刻得知目前所在的工作目录的绝对路径名称。

1）绝对路径：从根（/：最顶层的目录）目录开始，如 /etc/init.d/lvm。

2）相对路径：从当前位置开始，如现在的位置为 /etc 目录中，要进入 init.d 目录，执行 cd init.d。

3）用户主目录：在这个目录下，当前用户的权限是最大化的，如：/home/登录名。

语法： pwd 选项
pwd 常用选项： -help   显示帮助信息
              -version 显示版本信息

（7）新建子目录 mkdir 指令用来创建目录。该指令创建由 dirname 命名的目录。如果在目录名的前面没有加任何路径名，则在当前目录下创建由 dirname 指定的目录；如果给出了一个已经存在的路径，将会在该目录下创建一个指定的目录。在创建目录时，应保证新建的目录与它所在目录下的文件没有重名。注意：在创建文件时，不要把所有的文件都存放在主目录中，可以创建子目录，通过它们来更有效地组织文件。最好采用前后一致的命名方式来区分文件和目录。

```
1. mkdir -p /home/dir/dir1/dir2        #建立多级目录使用 –p 参数
```

语法： mkdir 选项 参数
mkdir 常用选项：-Z 设置安全上下文，当使用 SELinux 时有效
              -m< 目标属性 > 或 -mode< 目标属性 > 建立目录的同时设置
                                                目录的权限
              -p 或 -parents 若所要建立目录的上层目录目前尚未建立，
                            则会一并建立上层目录
              -version 显示版本信息。

（8）新建一个普通文件 touch 指令有两个功能：一是用于把已存在文件的时间标签更新为系统当前的时间（默认方式），它们的数据将原封不动地保留下来；二是用来创建新的空文件。

语法： touch 选项 参数

touch 常用选项：-a 或 -time=atime 或 -time=access 或 -time=use 只更改存取时间

-c 或 -no-create 不建立任何文件

-d< 时间日期 > 使用指定的日期时间，而非现在的时间

-f 此参数将忽略不予处理，仅负责解决 BSD 版本 touch 指令的兼容性问题

-m 或 -time=mtime 或 -time=modify 只更改变动时间

-r< 参考文件或目录 > 把指定文件或目录的日期时间统统设成和参考文件或目录的日期时间相同

-t < 日期时间 > 使用指定的日期时间，而非现在的时间

（9）复制文件　cp 指令用来将一个或多个源文件或者目录复制到指定的目的文件或目录。它可以将单个源文件复制成一个指定文件名的具体文件或一个已经存在的目录下。cp 指令还支持同时复制多个文件，当一次复制多个文件时，目标文件参数必须是一个已经存在的目录，否则将出现错误。

语法： cp 选项 参数

cp 常用选项：-d 当复制符号连接时，把目标文件或目录也建立为符号连接，并指向与源文件或目录连接的原始文件或目录

-f 强行复制文件或目录，不论目标文件或目录是否已存在

-i 覆盖既有文件之前先询问用户

-l 对源文件建立硬连接，而非复制文件

-p 保留源文件或目录的属性

-R/r 递归处理，将指定目录下的所有文件与子目录一并处理

-s 对源文件建立符号连接，而非复制文件

-u 使用这项参数后只会在源文件的更改时间较目标文件更新时或是名称相互对应的目标文件并不存在时，才复制文件

-S 在备份文件时，用指定的后缀"SUFFIX"代替文件的默认后缀

-b 覆盖已存在的目标文件前将目标文件备份

-v 详细显示指令执行的操作

（10）移动　mv 指令用来对文件或目录重新命名，或者将文件从一个目录移到另一个目录中。source 表示源文件或目录，target 表示目标文件或目录。如果将一个文件移到一个已经存在的目标文件中，则目标文件的内容将被覆盖。mv 指令可以用来将源文件移至一个目标文件中，或将一组文件移至一个目标目录中。源文件被移至目标文件有两种不同的结果。

1）如果目标文件是到某一目录文件的路径，源文件会被移到此目录下，且文件名不变。

2）如果目标文件不是目录文件，则源文件名（只能有一个）会变为此目标文件名，并覆盖已存在的同名文件。如果源文件和目标文件在同一个目录下，mv 的作用就是改文件名。当目标文件是目录文件时，源文件或目录参数可以有多个，则所有的源文件都会被移至目标文件中。所有移到该目录下的文件都将保留以前的文件名。

```
语法： mv  选项  参数
mv 常用选项： -b  当文件存在时，覆盖前，为其创建一个备份
              -f  若目标文件或目录与现有的文件或目录重复，则直接覆盖
                  现有的文件或目录
              -i  交互式操作，覆盖前先行询问用户，如果源文件与目标文
                  件或目标目录中的文件同名，则询问用户是否覆盖目标文
                  件。用户输入"y"，表示将覆盖目标文件；输入"n"，表
                  示取消对源文件的移动。这样可以避免误将文件覆盖
```

（11）删除　rm 指令可以删除一个目录中的一个或多个文件或目录，也可以将某个目录及其下属的所有文件及其子目录均删除掉。对于链接文件，只是删除整个链接文件，而原有文件保持不变。使用 rm 指令要格外小心。因为一旦删除了一个文件，就无法再恢复它。所以，在删除文件之前，最好再看一下文件的内容，确定是否真要删除。rm 指令可以用 -i 选项，这个选项在使用文件扩展名字符删除多个文件时特别有用。使用这个选项，系统会要求你逐一确定是否要删除。这时，必须输入 y 并按 Enter 键，才能删除文件。如果仅按 Enter 键或其他字符，文件不会被删除。

```
语法： rm  选项  参数
rm 常用选项：-d            直接把欲删除的目录的硬连接数据删除成 0，
                          删除该目录
              -f           强制删除文件或目录
              -i           删除已有文件或目录之前先询问用户
              -r 或 -R     递归处理，将指定目录下的所有文件与子目录
                          一并处理
              -preserve-root  不对根目录进行递归操作
              -v           显示指令的详细执行过程
```

（12）显示文件内容　cat 指令连接文件并打印到标准输出设备上，cat 经常用来显示文件的内容，类似于 type 指令。当文件较大时，文本在屏幕上迅速闪过（滚屏），用户往往看不清所显示的内容。因此，一般用 more 等指令分屏显示。为了控制滚屏，可以按 <Ctrl+S> 键，停止滚屏；按 <Ctrl+Q> 键可以恢复滚屏。按 <Ctrl+C>（中断）键可以终止该指令的执行，并且返回 Shell 提示符状态。

```
语法： cat  选项  参数
cat 常用选项：-n 或 -number         由 1 开始对所有输出的行数编号
              -b 或 -number-nonblank 和 -n 相似，只不过对空白行不进行
                                    编号
              -s 或 -squeeze-blank  当遇到有连续两行以上的空白行，
                                    就替换为一行的空行
              -A                    显示不可打印字符，行尾显示 "$"
              -e                    等价于 "-vE" 选项
              -t                    等价于 "-vT" 选项
```

（13）显示目录或文件占用的磁盘大小　du 指令也是查看使用空间的，但是与 df 指令不同的是 Linux du 指令是对文件和目录磁盘使用的空间进行查看，与 df 指令还是有一些区别的。

> 语法： du   选项   文件或目录
> du 常用选项：-a   显示目录中所有文件的大小
>   -b   显示目录或文件大小以 byte 为单位
>   -m   以 MB 为单位
>   -c   显示目录中所有文件大小，并显示所有目录和文件的总和

（14）显示或设置网络设备　Ifconfig 指令用于配置和显示 Linux 内核中网络接口的网络参数。用 ifconfig 指令配置的网卡信息，在网卡和机器重启后，配置就不再存在。要想将上述的配置信息永远地存在计算机里，那就要修改网卡的配置文件了。

> 语法： ifconfig   查看当前网络设备
> 常用选项：down   关闭指定网络设备
>   up   启动指定网络设备
>   netmask   设置网络设备的子网掩码
>   net-device 指定名为 net-device 的网络设备

（15）查找文件里符合条件的字符串　grep [global search regular expression（RE）and print out the line，全面搜索正则表达式并把行打印出来] 是一种强大的文本搜索工具，它能使用正则表达式搜索文本，并把匹配的行打印出来。

> 语法： grep   选项   查找样式   文件或目录
> 常用选项：-a   不要忽略二进制数据
>   -A<显示列数>   除了显示符合范本样式的那一行之外，还显示该
>   行之后的内容
>   -b   除了显示符合范本样式的那一行之外，还显示该
>   行之前的内容
>   -c   计算符合范本样式的列数

（16）挂载其他文件系统资源　mount 指令用于加载文件系统到指定的加载点。此指令最常用于挂载 cdrom，可以访问 cdrom 中的数据，因为你将

光盘插入光驱中,Linux 并不会自动挂载,必须使用 Linux mount 指令来手动完成挂载。

> 语法: mount 选项 设备名称 挂载路径
> 常用选项:-V 显示程序版本
> 　　　　 -l 显示已加载的文件系统列表
> 　　　　 -h 显示帮助信息并退出
> 　　　　 -v 冗长模式,输出指令执行的详细信息
> 　　　　 -n 加载没有写入文件"/etc/mtab"中的文件系统
> 　　　　 -r 将文件系统加载为只读模式
> 　　　　 -a 加载文件"/etc/fstab"中描述的所有文件系统

(17)阅读指令的文档信息 man 指令是 Linux 下的帮助指令,通过 man 指令可以查看 Linux 中的指令帮助、配置文件帮助和编程帮助等信息。

> 语法: man 选项 参数
> man 常用选项:-a 在所有的 man 帮助手册中搜索
> 　　　　　　 -f 等价于 whatis 指令,显示给定关键字简短描述信息
> 　　　　　　 -P 指定内容时使用分页程序
> 　　　　　　 -M 指定 man 手册搜索的路径

3. 其他常用指令

(1)自动补齐快捷键 <tab> 键。

(2)Linux 压缩文件 tar 指令可以为 Linux 的文件和目录创建档案。利用 tar,可以为某一特定文件创建档案(备份文件),也可以在档案中改变文件,或者向档案中加入新的文件。tar 最初被用来在磁带上创建档案,现在,用户可以在任何设备上创建档案。利用 tar 指令,可以把一大堆文件和目录全部打包成一个文件,这对于备份文件或将几个文件组合成为一个文件以便于网络传输是非常有用的。这就要明确打包和压缩的区别。打包,是指将一大堆文件或目录变成一个总的文件;压缩,则是将一个大的文件通过一些压缩算法变成一个小的文件。

语法：tar 选项 参数

tar 常用选项：-A 或 -catenate 新增文件到已存在的备份文件

-B 设置区块大小

-c 或 -create 建立新的备份文件

-C＜目录＞ 这个选项用在解压缩，若要在特定目录解压缩，可以使用这个选项

-d 记录文件的差别

-x 或 -extract 或 -get 从备份文件中还原文件

-t 或 -list 列出备份文件的内容

-z 或 -gzip 或 -ungzip 通过 gzip 指令处理备份文件

-Z 或 -compress 或 -uncompress 通过 compress 指令处理备份文件

-f＜备份文件＞ 或 -file=＜备份文件＞ 指定备份文件

-v 或 -verbose 显示指令执行过程

-r 添加文件到已压缩的文件

-u 添加改变了和现有的文件到已经存在的压缩文件

-j 支持 bzip2 解压文件

-v 显示操作过程

-l 文件系统边界设置

-k 保留原有文件不覆盖

-m 保留文件不被覆盖

-w 确认压缩文件的正确性

-p 或 -same-permissions 用原来的文件权限还原文件

-P 或 -absolute-names 文件名使用绝对名称，不移除文件名称前的"/"号

-N＜日期格式＞ 或 -newer=＜日期时间＞ 只将此指定日期更新的文件保存到备份文件里

-exclude=＜范本样式＞ 排除符合范本样式的文件

（3）临时获取超级用户权限 sudo 指令用来以其他身份执行指令，预设的身份为 root。在 /etc/sudoers 中设置了可执行 sudo 指令的用户。若未经授权的用户企图使用 sudo，则会发出警告邮件给管理员。用户使用 sudo

时，必须先输入密码，之后有 5min 的有效期限，超过期限则必须重新输入密码。

语法：sudo 选项 参数

sudo 常用选项：	
-b	在后台执行指令
-h	显示帮助
-H	将 HOME 环境变量设为新身份的 HOME 环境变量
-k	结束密码的有效期限，也就是下次再执行 sudo 时需要输入密码
-l	列出目前用户可执行与无法执行的指令
-p	改变询问密码的提示符号
-s<shell>	执行指定的 shell
-u< 用户 >	以指定的用户作为新身份。若不加上此参数，则预设以 root 作为新的身份
-v	延长密码有效期限 5min
-V	显示版本信息

（4）vi 编辑器的使用　vi 是所有 UNIX 系统都会提供的屏幕编辑器，它提供了一个视窗设备，通过它可以编辑文件。

1）安装软件包。

离线安装：sudo dpkg -i *.deb 软件包名（软件包必须在当前目录下）

dpkg 指令是 Debian Linux 系统用来安装、创建和管理软件包的实用工具。

在线安装：sudo apt-get install 软件包名

apt-get 指令是 Debian Linux 发行版中的 APT 软件包管理工具。

所有基于 Debian 的发行都使用这个包管理系统。deb 包可以把一个应用的文件包在一起，大体就如同 Windows 上的安装文件。

2）配置。运行配置脚本进行配置。

3）用法。

vi 文件名（通过 vi 编辑器打开文件）

命令模式—编辑模式（按下 i 键进入）—命令模式（按下 <Esc> 键回到）—低行模式（shift+；进入）

低行模式命令：

① w 保存。

② q 退出。

③ wq 或 x 保存并退出。

4）gcc 编译器。

① gcc file.c（默认生成的可执行文件 a.out）。

② gcc file.c -o 可执行文件名（指定生成的制作的文件名字）。

运行一个可执行文件：./可执行文件名（该处没有空格）。

（5）Linux 下常用服务开启

1）tftp 服务：实现文件传输（开发板 – PC 机）。

① 安装软件包。

② 配置服务（修改配置文件）。sudo vi /etc/default/tftpd-hpa。

③ 重新启动服务。sudo /etc/init.d/tftpd-hpa restart。

④ 本机测试服务是否通过。

（输入指令：netstat –a | grep tftp 如果显示 udp 0 0 *：tftp*：* 则说明 tftp 安装了且已启动）

a. 在指定的服务工作目录路径（/home/linux/workdir/fs4412/tftpboot/）下存放一个文件（hello.c）。

b. 切换到你的用户主目录下，输入：

```
tftp 127.0.0.1
tftp>get 下载的文件（你所下载的文件必须已经存放在服务器工作目录路径下）
tftp>q
```

注意：如果下载成功，下载下来的文件存放在你当前目录。

a. 启动 tftp 服务：sudo /etc/init.d/tftpd-hpa start。

b. 确认 tftp 服务已开启。

```
cmd: netstat – a | grep tftp
```

如果显示"udp 0 0 *：tftp*：*"则说明 tftp 安装且已启动。

2）NFS 网络文件系统（Network File System）。通过对网络文件系统的支持，用户可以在本地系统上，像操作本地分区一样对远程主机的共享分区

（目录）进行操作（类似 Windows 共享目录）。

资讯小结

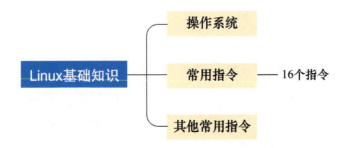

5.4 任务准备

1. 工具设备介绍

子任务模块	设备工具
任务 1 安装 Ubuntu	Ubuntu 20.04 以上版本
任务 2 在 Ubuntu 运行 Python	Ubuntu 20.04 以上版本

2. 实操预演

第一步　通过链接，学习安装 Ubuntu。

第二步　通过链接，学习在 Ubuntu 运行 Python。

5.5 任务实施

1. 前期准备

准备计算平台的结构图和车载智能计算平台的架构图。

2. 实操演练

任务 1 安装 Ubuntu

实施步骤	图示	操作要点
1 下载 Ubuntu 20.04 版本		进入 Ubuntu 官网（地址：https://ubuntu.com/），如图单击进行下载
2 安装程序		将下载的 iso 文件载入系统，单击安装图标
3 选择语言		左侧语言选择中文（简体），然后右侧单击继续
4 选择键盘布局		选择键盘布局为 Chinese

085

（续）

实施步骤	图示	操作要点
5 安装方式选择		选择正常安装，然后单击继续
6 操作系统选择		选择清除整个磁盘并安装 Ubuntu，然后单击现在安装
7 选择所在区域		选择所在区域，然后单击继续

（续）

实施步骤	图示	操作要点
8 用户名和密码设置		设置用户名和密码，然后单击继续
9 等待安装完成		等待 Ubuntu 安装完成
10 重新启动系统		安装完成后，单击现在重启

（续）

实施步骤	图示	操作要点
11 再次进入系统	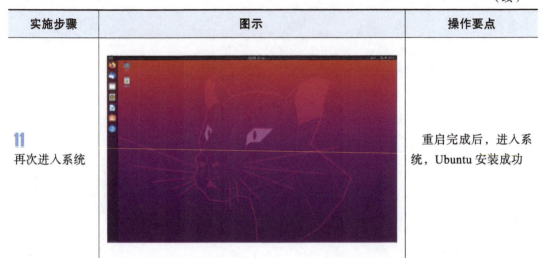	重启完成后，进入系统，Ubuntu 安装成功

◉ 任务 2　在 Ubuntu 运行 Python

实施步骤	图示	操作要点
1 新建终端页面	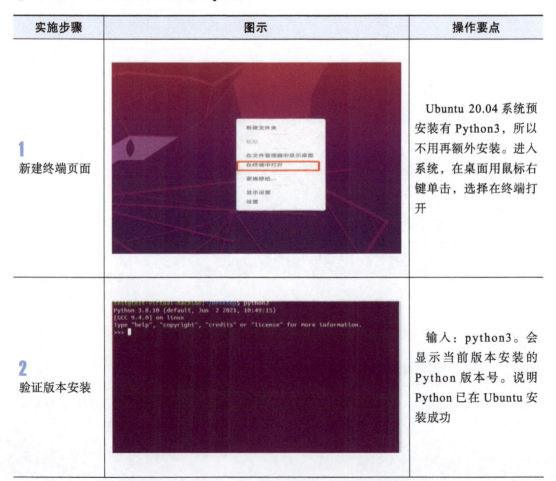	Ubuntu 20.04 系统预安装有 Python3，所以不用再额外安装。进入系统，在桌面用鼠标右键单击，选择在终端打开
2 验证版本安装		输入：python3。会显示当前版本安装的 Python 版本号。说明 Python 已在 Ubuntu 安装成功

（续）

实施步骤	图示	操作要点
3 输出"Hello world!"		输入：print("Hello world!")。可以看到Python代码能成功运行

5.6 任务检查与评价

1. 任务评价

见附录 E　Linux 基础知识评分标准。

2. 技能点小结

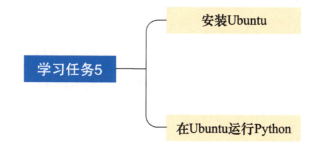

学习任务 6
华为 MDC 300F 平台的拆装与调试

6.1 任务导入

车辆智能驾驶技术需要精准的道路场景识别、快速的 AI 智能分析以及精准可靠的响应结果，高级智能驾驶需要高算力的硬件平台和基础软件。很多客户已经基于服务器和 AI 加速等硬件平台完成了智能驾驶业务和 E/E 架构方案的验证，但由于计算负荷大，系统发热量大，导致硬件平台运算速度减慢或计算机重启动、时延波动很大（不稳定）、传感器时间难同步等问题。下阶段客户将进入量产测试阶段，需要既能满足算力，又能满足量产的可靠性、能效比等要求的智能驾驶平台。你作为一名技术人员，需要准确地为客户介绍 MDC 300F 平台以及它的功能、特点，并帮助客户选择更适合的智能驾驶操作平台。

6.2 任务分析

知识目标	1. 了解 MDC 300F 平台的硬件定位及概念，熟悉硬件单元及应用模块。 2. 了解 MDC 300F 平台的软件基础知识，可以简述其特点和优势。 3. 了解 MDC 300F 平台工具链的定义、特点及应用场景，熟悉 MDC 300F 平台用到的工具及用途。
技能目标	1. 能够熟练使用 MDC 300F 平台，可以独自完成 MDC 300F 的安装与拆卸。 2. 能够熟练使用 MDC 300F 平台调试工具，掌握基础的故障信息分析及修复方式。 3. 能够独立完成介绍 MDC 300F 平台功能、特点并牢记注意事项。

素养目标	1. 具备综合学习能力。 2. 具备思维构建能力。

（续）

6.3 任务资讯

1. MDC 300F 硬件技术

（1）MDC 300F 硬件技术开发背景　当前，汽车工业正在全面走向"网联化、电动化、智能化、共享化"，其中"智能化"是核心，未来汽车的特性将由软件定义。传统的高级辅助驾驶系统（Advanced Driver Assistance Systems，ADAS）无法演进到算力需求更高的智能驾驶。高级智能驾驶需要通过集中的硬件架构实现算力共享、传感器共享，从而进一步实现数据共享、算法共享，而且软件也需要统一架构，以支撑软件功能的不断进化。

（2）MDC 300F 平台的角色定位　L3、L4 级的智能驾驶系统正在走向成熟和量产。从市场角度看，高级别智能驾驶系统应用场景比较明确，包括商用车领域的无人车物流、矿区作业车、有限地域自动驾驶出租车，以及乘用车的代客泊车、高速巡航等。但从技术角度看，产业界还处在努力研发过程中，当前主要处于业务演示阶段，验证了各种传感器配置、算法、平台算力和确定性低时延，但是冰山下的很多技术还未开发和验证，而这些技术又是量产阶段必须要解决的。

以智能驾驶计算平台为例，它融合了信息与通信技术（Information and Communications Technology，ICT）及车控技术，复杂度比传统的汽车制造提升至少 10 倍，且这些技术不是传统汽车行业所擅长的。智能驾驶计算平台涉及 ICT 核心技术、多种算法、汽车控制技术三个方面。

高复杂度的智能驾驶计算平台，需要考虑硬件架构的可演进性、工程可实现性等各方面因素。具体来说，包含高功能安全设计、全景感知设计、低时延设计、整机尺寸小型化设计、信息安全设计五个设计原则。

（3）MDC 300F 硬件单元介绍　MDC 300F 模块包括 MDC 300F 智能驾驶计算单元和 MTB 300 转接盒，下面分别介绍 MDC 300F 的硬件架构、MDC 300F 智能驾驶计算单元和 MTB 300 转接盒。

1）MDC 300F 的硬件架构。MDC 是系列化平台产品，支持软、硬件解耦，支持 L2~L4 的平滑演进和兼容。MDC 300F 硬件平台包含图像处理、数据交换、安全 MCU、AI 和 CPU 等模块，其逻辑结构如图 6-1 所示。

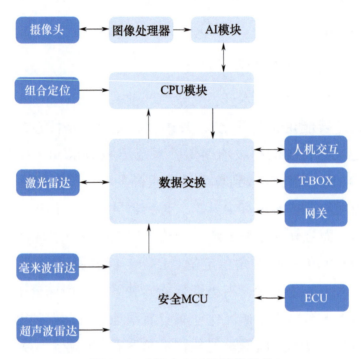

图 6-1　MDC 300F 逻辑结构

2）MDC 300F 模块。

① MDC 300F 智能驾驶计算单元。MDC 300F 智能驾驶计算单元简称 MDC 300F，产品外观构造如图 6-2 所示。设计目标为 L3 自动驾驶硬件平台，包括 TJP、HWP、AVP 3 个主要功能，其对外接口如图 6-3 所示。

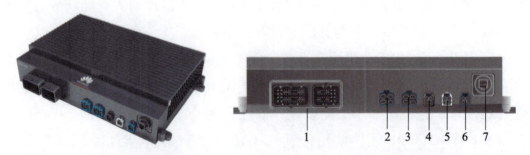

图 6-2　MDC 300F 外观图　　图 6-3　MDC 300F 接口图

MDC 300F 共有 7 个对外连接口，各接口及对应的功能见表 6-1。

MDC 300 根据散热方式不同，提供 2 个版本：液冷型号为 MDC 300，风冷型号为 MDC 300F。当前阶段暂时仅提供 MDC 300F 版本。

表 6-1　MDC 300F 接口介绍

序号	插接器名称	插接器说明
1	低速插接器	提供 CAN FD/CAN、LIN、UART、GPIO 等接口，分别对接车控、毫米波雷达、超声波雷达等
2	四合一车载以太网插接器 1	提供 4 路车载以太网接口，分别对接 T-BOX、HMI、黑匣子和激光雷达（车载以太网接口）等设备
3	四合一车载以太网插接器 2	提供 4 路车载以太网接口，分别对接 T-BOX、HMI、黑匣子和激光雷达（车载以太网接口）等设备
4	四合一摄像头插接器 1	提供 GMSL 接口，对接 4 个摄像头
5	四合一摄像头插接器 2	提供 GMSL 接口，对接 4 个摄像头
6	四合一摄像头插接器 3	提供 GMSL 接口，对接 3 个摄像头。同时预留 1 路 FPDLink 视频输出接口（MDC 300F 1.0.0 版本不支持，仅预留面板接口）
7	风扇插接器	提供风扇供电和控制信号

② MTB 300 转接盒。由于当前商用的激光雷达都是通用以太网接口，而 MDC 300F 是车载以太网接口，所以需要通过 MTB 300 转接盒将通用以太网接口转换为车载以太网接口，同时实现多路时间信息和时间同步信息的转发，让 MDC 300F 适配于多种场景。MTB 300 转接盒主要是为了解决当前激光雷达接口不规范的问题，仅用于样品调试期。

MTB 300 转接盒的系统功能如图 6-4 所示。MTB 300 转接盒将 MDC 300F 的车载以太网接口转换成通用以太网接口，以便更好地适配现阶段的激光雷达产品。

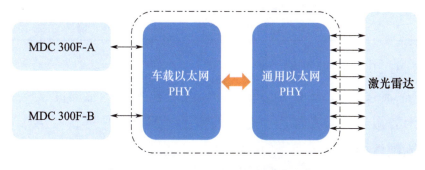

图 6-4　MTB 300 转接盒系统功能

MTB 300 转接盒的外观如图 6-5 所示。

MTB 300 转接盒的对外接口如图 6-6 所示，图中的圆圈序号表示通用以太网插接器和四合一车载以太网插接器的端口内部对应关系。

图 6-5　MTB 300 转接盒的外观　　　图 6-6　MTB 300 转接盒接口

MTB 300 接口说明见表 6-2。

表 6-2　MTB 300 接口说明

序号	信号	说明
1	低速插接器 1	提供 8 路激光雷达时间信息和时间同步，用于对接激光雷达
2	通用以太网插接器	提供 8 个通用以太网（100/1000BASE-T）接口，用于对接 8 路激光雷达或其他通用以太网接口设备（例如 T-BOX 等）
3-1	四合一车载以太网插接器 1	提供 4 路车载以太网 100BASE-T1 接口，对接其中一个 MDC 300F（例如 MDC 300F-A）
3-2	四合一车载以太网插接器 2	提供 2 路车载以太网 100BASE-T1 接口（端口 5/6）和 2 路 1000BASE-T1 接口（端口 7/8），对接另一个 MDC 300F（例如 MDC 300F-B）
4	低速插接器 2	提供 2 个 MDC 300F 的对接信号（例如 MDC 300F-A 和 MDC 300F-B） 提供调试串口，对接其中一个 MDC 300F（例如 MDC 300F-A）

3）MDC 300F 关键规格。

① 传感器接口。MDC 300F 支持智能驾驶主流传感器的接入，包括摄像头、毫米波雷达、激光雷达、超声波雷达、组合定位等，提供丰富、灵活可变的主流硬件接口。

当前用于自动驾驶的传感器主要有三种：激光雷达、毫米波雷达和摄像头，见表6-3。这三种传感器各有优势，目前需要三种传感器互为补充才能满足L3、L4自动驾驶的需求。下面信息为典型情况的分析，仅供参考。

表 6-3　传感器信息

传感器种类	毫米波雷达	摄像头	激光雷达
感应维度	2D	2D	3D
距离	远	中	中
体积	$(8\times8\times6)\ cm^3$（典型值）	$(8\times7\times3)\ cm^3$（典型值）	$(9\times6\times6)\ cm^3$（典型值）
3D形状	-	+	++
精度	±120cm（典型值）	±15cm（典型值）	±5cm（典型值）
防雨、雪、灰尘性能	+++	-	++
防雾性能	+++	-	+
极暗光	+++	+	+++
强烈日光	+++	++(HDR)	++
环境光独立性	+++	+++(HDR)	+++
标志&颜色识别	-	+++	-
主功能	防撞、巡航控制	标志识别、语义分析	行人保护

注：1. 减号（-）表示性能不理想。
　　2. 加号（+）越多表示性能越好。

a. 摄像头。MDC 300F 最多支持接入11路摄像头，硬件信号接口为GMSL1，通过同轴线缆传输RAW data信号，最大速率支持6Gbit/s。同时，MDC 300F 支持通过同轴线缆向摄像头供电，典型供电电压为10V，每路摄像头最大供电电流为150mA（峰值电流：250mA）。

b. 激光雷达。MDC 300F 最多支持接入8路激光雷达，硬件信号接口为车载以太网1000BASE-T1，最大速率为1Gbit/s。

考虑到现阶段商用激光雷达的硬件接口多以通用以太网100/1000BASE-T为标准，无法直接和MDC 300F对接，推荐通过MTB 300转接盒进行接口转换。

MTB 300转接盒除了将车载以太网接口转换成通用以太网接口外，还提供8路激光雷达所需的PPS和时间同步信号，且PPS信号电平支持3.3V、5V、RS232等多种电平标准的适配，时间同步信号则为RS232电平标准。

c. 毫米波雷达。MDC 300F 最多支持接入 9 路毫米波雷达（典型应用场景为 6 路），硬件信号接口为 CAN FD/CAN，典型速率分别为 500kbit/s 和 2Mbit/s。该 9 路 CAN 总线内部默认具备终端电阻。

d. GPS/IMU 组合定位。MDC 300F 支持 1 路 GPS/IMU 组合定位设备的接入，当前数据接口支持 RS232 串口，同时支持 3.3~12V 的 PPS 信号输入。

② 车控信号接口。MDC 300F 默认支持 3 路 CAN 总线的车控信号接口，其中一路 CAN 支持休眠唤醒。该 3 路 CAN 总线内部默认没有终端电阻。

MDC 300F 提供整车 ACC 信号输入，最大支持 12V 电平输入。预留 3 路 GPI 输入和 3 路 GPO 输出信号，具体功能需要根据整车方案来确定。

③ 计算能力。表 6-4 为 MDC 300F 模块计算能力。

表 6-4　计算能力

项目	技术规格（单 ECU）
算力	AI：64TOPS（INT8）+ 80K DMIPS（预测值，具体规格与用户负载相关） CPU：150K DMIPS（预测值，具体规格与用户负载相关）
安全 MCU	6 Core@300MHz
支持的内存	AI 模块：64GB LPDDR4 CPU 模块：16GB LPDDR4
支持的存储	CPU 模块：支持 128GB SSD 存储空间

④ 电源系统。整车通过低速插接器向 MDC 300F 提供两路独立的 12V 电源，当其中一路电源输入故障时，MDC 300F 可以继续使用另一路电源。

⑤ 散热方式。MDC 300F 采用风冷散热方式，插接器和风扇不支持防水，最大支持 IP50 防水，因此 MDC 300F 需要安装在不涉水、不溅水的地方，推荐安装在驾驶舱杂物箱位置。

⑥ 整机规格。表 6-5 为 MDC 300F 平台的整机规格说明。

表 6-5　MDC 300F 平台整机规格说明

项目	物理规格（单 ECU）
工作温度	−20~60℃
存储温度	−40~85℃

（续）

项目	物理规格（单 ECU）
散热方式	MDC 300F 支持风冷（左右风道）散热方式
尺寸	300mm×200mm×63mm
安装位置	安装于非密闭空间，MDC 300F 和车内空气循环系统连通。MDC 300F 的风冷单系统盒体尺寸是 300mm×200mm×63mm
推荐安装位置	驾驶舱、行李舱
工作湿度	10%~90%
存储湿度	5%~95%
气压	86~106 kPa
防尘防水等级	IP50
噪声	典型 52dBA，最大 77dBA
出线方案	单向出线
设计寿命	3 年（样品期）
重量	约 4kg

4）MTB 300 转接盒关键规格，见表 6-6。

表 6-6　MTB 300 转接盒关键规格

项目	技术规格
车载以太网接口	提供 8 路车载以太网接口，用于对接 MDC 300F： 2 路：1000BASE-T1 6 路：100BASE-T1
通用以太网接口	提供 8 路通用以太网接口，用于对接 Lidar： 2 路：1000BASE-T 6 路：100BASE-T
系统同步接口	支持时间同步信号的转发：以 MDC 300F 为时间同步的信号源，通过 MDC 300F 转接盒将 PPS 转发给 Lidar。支持 3.3V、5V 和 RS232 三种电平的 PPS，各 PPS 信号的 skew 值小于 300ns 支持时间信息的转发：以 MDC 300F 为时间信息的信号源，通过 MDC 300F 转接盒将时间信息分发给 Lidar（电平为 RS232）
功耗	8W（最大）
电源输入	DC 12V（9~16V）
工作温度	−20~60℃
存储温度	−40~85℃
散热方式	自然散热
工作湿度	10%~90%
存储湿度	5%~95%

(续)

项目	技术规格
气压	86~106kPa
防尘防水等级	IP40
出线方案	双向出线
尺寸	188mm × 122mm × 41mm
推荐安装位置	驾驶舱、行李舱
重量	约 1kg

（4）MDC 300F 三种典型应用方案

1）MDC 300F 单盒典型应用方案。本方案主要基于当前商用的激光雷达接口为通用以太网 +GPRMC 串口 +PPS 接口的现状来组网。主要接口描述如下：

① 电源：整车提供两路独立的 12V 电源给 MDC 300F，以提高系统可靠性。当某一路供电故障时，MDC 300F 可以继续正常工作。

② 整车控制器：MDC 提供 3 路 CAN 总线与各类整车控制器进行交互，比如底盘、制动、转向等 ECU。

③ 摄像头：MDC 300F 最多支持 11 路 GMSL1 摄像头，通过同轴线缆提供 10V 电源给摄像头，每路摄像头的最大电流为 150mA（峰值电流为 250mA）。

④ 毫米波雷达：MDC 300F 默认支持 6 路 CAN FD/CAN 接口的毫米波雷达接入。

⑤ 超声波雷达：MDC 300F 支持 CAN 总线的超声波传感器（泊车控制器）进行对接，交互信息。

⑥ 激光雷达：MDC 300F 通过 MTB 300 转接盒转接后，最大可以支持 8 路激光雷达的接入。

⑦ GPS/IMU 组合定位：MDC 300F 支持 1 路 GPS/IMU 组合定位设备的接入。

2）MDC 300F 单盒应用方案（车载 Lidar）。本方案主要针对车载以太网接口 Lidar 的应用方案。与上一方案的区别在于：本方案假设客户使用的激光雷达接口为车载以太网接口，同时支持车载以太网的精确时钟同步系统 gPTP 802.1as 标准，不再需要单独的时间同步 GPRMC 信号和 PPS 信号。

因此，方案中不再需要 MTB 300 转接盒。

3）MDC 300F 双盒典型应用方案。本方案主要用于高可靠性的应用场景。方案中 2 个盒子之间的 CAN 用于传输 2 个盒子间的管理消息，车载以太网 1000BASE-T1 用于传输 2 个盒子间的高带宽数据，如摄像头数据和激光雷达数据等。

① 与单盒方案相比，双盒方案具备以下优势：更高的可靠性。当某个 MDC 300F 发生整体故障时，另一个 MDC 300F 可以确保系统进入安全状态，避免安全事故。

② 更多的传感器接口：传感器接口数量翻倍。同时由于 CAN 总线支持多 master 模式，毫米波雷达数据可以同时发送给 2 个 MDC 300F，进一步提高系统可靠性。

2. MDC 300F 平台软件技术

（1）平台软件技术概述　MDC 300F 是华为智能驾驶计算平台，具有高安全性、高可靠性、低功耗、低时延、体积小、环境适应性强、易于维护等特点。MDC 300F 平台主要用在 L4/L3/L2 智能驾驶计算系统和 E/E 架构域计算平台等应用场景，可以广泛部署在乘用车、园区小巴、固定线路中巴、干线物流车、末端物流配送车以及码头矿山、特种作业等各类车辆上，满足它们的自动行驶、自动泊车、自动作业等复杂需求。

MDC 300F 平台软件是运行在 MDC 300F 硬件上的平台软件，主要提供 MDC 300F 的基础软件和软件平台。基础软件主要负责 MDC 300F 硬件设备的驱动和初始化，引导和运行操作系统，并提供 AI 算子库、智能驾驶支持库、软件中间件等基础支撑功能；软件平台提供与智能驾驶业务相关的软件服务和功能，包括诊断、升级、安全等。基于 MDC 300F 硬件及平台软件，客户即可开发智能驾驶功能软件和应用软件。

（2）MDC 300F 产品特点

1）面向量产和车规级：高功能安全；车规级接口；高信息安全；车规级高可靠，标准化软件框架；模型化、配置化开发；确定性低时延的操作系统。

2）高算力和高效能比。

3）丰富 API，简便上层应用开发。

4）完善、成熟的开发工具链。

（3）MDC 300F 平台软件内容

1）BIOS。BIOS 又称 Bootloader，负责启动 MDC 系统，加载和引导操作系统，再由操作系统加载和启动应用软件。

2）操作系统。OS 及操作系统是管理 MDC 硬件与软件资源的系统程序，同时也是 MDC 系统的内核与基石。操作系统需要处理如管理与配置内存、决定系统资源供需的优先次序、控制输入设备与输出设备、操作网络与管理文件系统等基本事务。

3）软件中间件与基础库。

① Adaptive AUTOSAR 兼容特性。Adaptive AUTOSAR 主要提供高性能计算和通信机制，并提供灵活的软件配置，例如，通过无线方式支持软件更新。根据业务需要，配置对应的通信矩阵、系统状态及故障处理模型等，以使各种业务快速应用到对应 AP 平台上。

② Classic AUTOSAR 兼容特性。Classic AUTOSAR 是 AUTOSAR 联盟推出的一个开放化、标准化的汽车嵌入式系统软件架构。与传统 ECU 软件架构相比，AUTOSAR 分层架构的高度抽象使得汽车嵌入式系统软硬件耦合度大大降低。

③ 通信中间件。实时数据通信模块为一种面向服务的通信机制，为 Adaptive AUTOSAR 平台应用、服务和其他功能模块提供通信功能支持。

④ AI 算子库。MDC 300F 平台软件提供配套昇腾 310 的 AI 算子库，以支持智能驾驶应用软件开发。

⑤ 智能驾驶算法外围包。MDC 300F 提供满足智能驾驶生态应用的基础外围包，为上层应用的开发降低门槛。

3. MDC 工具链技术

（1）工具链简介

1）工具链概述。MDC 开发工具链基于 Adaptive AUTOSAR（针对智能驾驶场景的汽车开放系统架构）框架，配套 MDC 智能驾驶计算平台，为客户提供安全可信，高效便捷，灵活开放的智能驾驶应用系统开发的端到端工具集：Mind Studio（AI 开发工具，支持客户引入并应用 AI 能力），MDC Manifest Configurator（符合客户开发习惯的 Adaptive AUTOSAR 配置工具，简称 MMC），MDC Development Studio（集成开发环境，帮助客户聚焦智能驾驶应用开发，简称 MDS），帮助客户快速构筑基于 MDC 平台开发智能驾驶应用的核心竞争力。

2）工具链特点。MDC 开发工具链遵循 AUTOSAR 工具平台架构规范，与业界成熟工具的输出物在遵循 AUTOSAR 规范的前提下进行兼容。

MDC Manifest Configurator 兼容业界的主流系统设计工具生态和模型开发工具生态，基于 AUTOSAR 规范兼容现有设计工具的输出物，支持导入它们输出文件的格式数据，实现客户不同阶段工作的连续性。

3）工具链典型应用场景。MDC 开发工具链既支持用户基于 MDC 平台进行全新的自动驾驶系统开发，也支持将已有存量系统的工作成果迁移到 MDC 平台，最大限度地复用已有成果，减少研发重复投入。

① 典型开发过程。基于 MDC 平台的自动驾驶应用系统开发，主要涉及 Adaptive AUTOSAR 规范的应用系统配置、AI 模型转换和算子开发、自动驾驶应用的开发集成调试等工作。典型过程如图 6-7 所示。

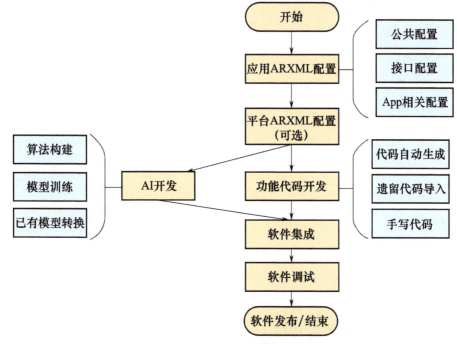

图 6-7 调试典型过程

② 存量系统迁移。对于已经开展了自动驾驶业务的公司和研究机构，大多已经或正在基于 X86 服务器 +AI 加速等硬件平台完成了自动驾驶业务功能或功能原型，期间产生了很多的方案设计、AI 模型、系统源码以及调测经验，是宝贵的知识资产。MDC 支持合作伙伴将已有系统向 MDC 平台迁移，最大限度实现成果的复用。

（2）工具介绍

1）MDC Manifest Configurator 介绍。

① 工具安装部署。安装 MDC Manifest Configurator 之前，用户需确认目标安装环境满足五个条件。

确认安装环境满足要求之后，可参考随 MDC 平台版本发布的《MDC Manifest 配置工具用户指南》进行工具的安装和操作。

② 工具功能介绍。面向 Adaptive AUTOSAR 平台，提供配置工具 MDC Manifest Configurator，支持如下三个功能：

a. 支持 Adaptive AUTOSAR 配置工程的创建和导入、已有配置文件导入。

使用 MDC Manifest Configurator，通过"New AUTOSAR Project"功能可以创建一个 AUTOSAR 配置工程。通过"Import"功能可以导入已有 AUTOSAR 配置工具。MDC Manifest Configurator 配置工具兼容符合 AUTOSAR 标准的 ARXML 配置文件。

b. 配置功能。MDC Manifest Configurator 的配置功能能够进行多个关键模块的元素配置，包括 Application Design、Diagnostic Design、Uploadable Software Package、Service Instance Manifest、Machine Manifest、Execution Manifest、Platform Module Deployment、System Design，各个模块配置之间有一定的依赖关系。

c. 校验功能。MDC Manifest Configurator 基于 AUTOSAR 规约，提供了两层全面校验功能（Model 和 Schema Validation）。

基于 Model 的 validation。MDC Manifest Configurator 提供基于 AUTOSAR Model 的校验功能。

AUTOSAR Model 校验提供 EMF 校验，校验规则来自于 AUTOSAR 规

范，规范中对 AUTOSAR 元素做了具体约束，具体校验分为如下三大类：

ａ）属性 / 引用出现次数约束（ＬｏｗｅｒＢｏｕｎｄ＞＝１ 代表必填，UpperBound=-1 代表无限制）。

ｂ）引用的代理能够正确解析。

ｃ）属性数值符合数据类型约束。

基于 Schema 的校验功能。MDC Manifest Configurator 提供基于 AUTOSAR Schema 的校验功能。AUTOSAR 社区提供 AUTOSAR 元模型，这是配置工具元素配置功能的基础，同时社区针对每个版本的元模型提供了元模型约束文件，即 XSD 文件。

2）MDC Development Studio 介绍。

① 工具安装部署。根据不同的用户习惯和使用场景，MDC Development Studio 提供了 Linux 版本和 Windows 版本。安装前，用户可根据所选的安装版本，确认目标安装环境满足各版本条件。确认安装环境满足要求之后，可参考随 MDC 平台版本发布的《MDC Development Studio 用户指南》，进行工具的安装和操作。

② 工具功能介绍。

a. 支持代码编辑。MDC 编辑器沿用的是 C/C++ 编辑器。C/C++ 编辑器提供以下功能：

ａ）支持对新引入的基础数据类型做代码着色的增强，自定义着色模板。

ｂ）支持代码风格模板自定义，编码过程中可以自动规范风格，能一键规范代码，方便编码。

ｃ）浏览代码时可以转到定义或者声明的函数等。

ｄ）支持查看函数或符号被引用和调用的关系。支持鼠标停留在宏位置，能够将其根据当前的变量递归展开。

ｅ）支持将源码文件的符号、类、变量、函数以列表的形式展示出来。

ｆ）支持 MDC 自定义的代码块，以便在输入字符时自动提示与字符相关的函数、类、符号。

ｇ）支持编码过程中显示编码的错误信息。

ｈ）索引器的包含路径和宏。

b. 支持 Adaptive AUTOSAR 的代码自动生成。

c. 支持对 MDC 平台的 X86 到 ARM 的交叉编译。

d. 支持自动构建。

e. 支持直接远程运行。

f. 支持图形化远程调试 MDC 程序。

g. 支持 UT 工程的管理。

③ 工具使用约束。

a. 不支持 AI 程序的编译开发。目前 MDC Development Studio 是面向 AP 的应用开发。AI 程序的开发使用 Mind Studio 来编译开发。

b. 用户上车的程序必须使用 Linux 版本的交叉编译器编译。目前 MDC Development Studio 的 Windows 版本不支持交叉编译。用户可以把交叉编译环境部署在 Linux 环境上，配合 MDC Development Studio 的 Windows 版本完成交叉编译工作。

3）Mind Studio 介绍。Mind Studio 是一套基于华为 NPU 开发的 AI 全栈开发平台，包括基于芯片的算子开发以及自定义算子开发，同时还包括网络层的网络移植、优化和分析，另外在业务引擎层提供了一套可视化的 AI 引擎拖曳式编程服务，极大地降低了 AI 引擎的开发门槛，全平台通过 Web 方式向开发者提供以下 4 项服务功能：

- 针对算子开发。Mind Studio 提供全套的算子开发，支持真实环境运行，支持针对动态调度的异构程序的可视化调试，支持第三方算子开发，极大地降低了基于华为公司自研 NPU 的算子开发门槛，提高了算子开发效率，有效提升了产品竞争力。

- 针对网络层的开发。Mind Studio 集成了离线模型转换工具（Offline Model Generator，OMG）、模型量化工具、模型精度比对工具、模型运行 Profiling 分析工具和日志分析工具，极大地提升了网络模型移植和分析优化的效率。

- 针对 AI 引擎开发。Mind Studio 提供了 AI 引擎可视化拖曳式编程以及大量的算法代码自动生成技术，极大地降低了开发者的门槛，并且预置了丰富的算法引擎，如 Resnet18 等，大大提高了用户 AI 算法引擎开发及移植效率。

- 针对应用开发。Mind Studio 内部集成了各种工具如 Profiler、Compiler 等，为用户提供图形化的集成开发环境，通过 Mind Studio 进行工程管理、编译、调试、仿真、性能分析等全流程开发，从而提高开发效率。

① 工具安装部署。Mind Studio 是一款 Client/Server 架构的集成开发环境，安装此工具时需要准备服务器作为 Web Server，用户通过客户端的 Chrome 浏览器访问 Mind Studio 环境。Mind Studio 对安装环境的要求以及安装方法，可参见随 MDC 版本发布的文档《Ascend 310 Mind Studio 工具安装指南（Ubuntu，X86）》。

② 工具功能介绍。

a. 工程管理。Mind Studio 支持如下工程类型：Python 工程、C/C++ 工程、Matrix 编排工程（Mind 工程）、Tensor Engine 工程。

Mind Studio 的基础工程管理功能包括：工程创建/删除、工程导入/导出、工程开启/关闭、文件新建/删除、文件/文件夹上传。

b. 模型管理。模型分为内置模型、自定义模型、Caffe 模型。

c. 离线模型转化。离线模型转化可以将 Caffe、Tensorflow 等业界开源的神经网络模型转化为华为 NPU 芯片支持的网络模型。

d. 自定义算子开发。在 Mind Studio 中进行模型转化时，如果提示某算子不支持，即在加速算子库如 CCE 算子库、AI CPU 算子库中未实现，则未实现的算子就需要用户进行自定义，自定义的算子可加入到算子库中，使得模型转化过程可以正常进行。

在 Mind Studio 中提供了 TE 的自定义算子开发工具，可以开发自定义算子。TE 是基于 TVM 的自定义算子开发框架，提供了基于 Python 语法的 DSL 语言供开发者开发编写自定义算子。

③ 工具使用约束。Mind Studio 安装完成后，服务器上会保留 GDB、GCC 工具。

a. 保留原因：产品对外发布编程工具，供用户进行应用程序开发，因此需要保留 GDB、GCC 工具，便于用户开发应用程序时进行编译和调试。

b. 使用场景：用户使用编程工具进行应用程序开发，使用 GCC 编译源代码，使用 GDB 对编译出的应用程序进行调试。仅在用户开发环境使用，不在生产环境使用。

风险：攻击者可能会利用这些已经存在的调试编译工具来编译新的程序，对系统造成二次攻击。建议这些工具仅在开发环境使用。

▶ 资讯小结

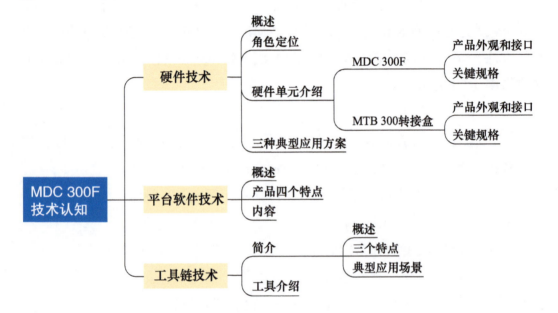

6.4 任务准备

1. 工具设备介绍

子任务模块	设备工具
任务 1 安装 MDC 300F 计算平台	MDC 300F 设备、计算平台实训台、十字螺钉旋具
任务 2 拆卸 MDC 300F 计算平台	MDC 300F 设备、计算平台实训台、十字螺钉旋具
任务 3 MDC 300F 计算平台关键信号测试	MDC 300F 设备、计算平台实训台、计算机
任务 4 用 MDC 300F 平台进行故障信息分析修复	MDC 300F 设备、计算平台实训台、计算机

2. 实操预演

第一步　通过链接，学会安装 MDC 300F 计算平台。
第二步　通过链接，学会拆卸 MDC 300F 计算平台 。
第三步　通过链接，学会测试 MDC 300F 计算平台关键信号。
第四步　通过链接，学会用 MDC 300F 平台进行故障信息分析修复。

安装 MDC 300F 计算平台　　拆卸 MDC 300F 计算平台　　MDC 300F 计算平台关键信号测试　　MDC 300F 故障信息分析修复

6.5　任务实施

1. 前期准备

1）设备准备：MDC 300F 平台。将诊断仪放至合适的安全位置。

2）测试开始前应摘掉首饰，长发挽起固定于脑后，安装或者碰触计算平台应当穿戴防静电手环（手套）。

2. 实操演练

▶ 任务 1　安装 MDC 300F 计算平台

实施步骤	图示	操作要点
1　将 MDC 300F 放置到行李舱指定安装台，固定 MDC 300F 到安装台		四个安装角对准安装台上的安装孔，使用四个 M6 内六角螺钉，按顺时针方向拧紧螺钉，注意接口端朝向，方便测试时连接

（续）

实施步骤	图示	操作要点
2 将接地线与 MDC 300F 连接		用十字螺钉旋具拧下 MDC 300F 的接地孔螺钉，将接地线的一端（OT 端子）套在拧下的螺钉上，将螺钉安装到接地端孔上，拧紧螺钉
3 检查安装好的线路与要求		MDC 300F 不能安装在密闭空间内，所处空间一定要和驾驶舱空气流通，保持空气循环

⊙ 任务 2　拆卸 MDC 300F 计算平台

实施步骤	图示	操作要点
1 将 MDC 300F 与接地线断开连接		用十字螺钉旋具拧下 MDC 300F 的接地孔螺钉，将接地线的另一端（OT 端子）从拧下的螺钉上取出。将螺钉安装到接地端孔上，拧紧螺钉
2 将 MDC 300F 从安装台拆卸		按逆时针方向取下 MDC 300F 四个安装角上的六角螺钉，拆卸 MDC 300F 并放入保护盒中

➡ 任务 3　MDC 300F 计算平台关键信号测试

实施步骤	图示	操作要点
1 发射机输出衰减测试	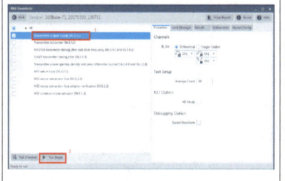　100BASE-T1 传输时钟测试组网	按测试组网图进行组网。将被测车载以太网接口连接至测试夹具 RT-ZF2 的 X107 接口（如果被测车载以太网接口不是 RJ45 接口，需自己调整为 RJ45 端口），差分探头连接至 X108 处（＋信号靠近 X107）
2 按照示波器的说明，检查组网并确认		在 R&S 示波器的 Scope Suite 软件套件中选择 100BASE-T1，进入选择 100BASE-T1 测试项，选择 "Trans- mitter output droop"，单击 "Test Single"，如图，确认组网无误后进行下一步
3 在示波器上核对码型	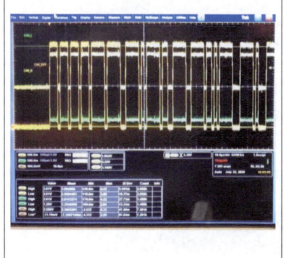	在 DUT 设备上，发送 Test Mode 1 的码型，并在示波器上核对码型是否正确，测试判据：Positive droop ＜ =45% 且 Negative droop ＜ =45%。确认无误后，单击 "Next" 进行测试

（续）

实施步骤	图示	操作要点
4 发射机失真测试	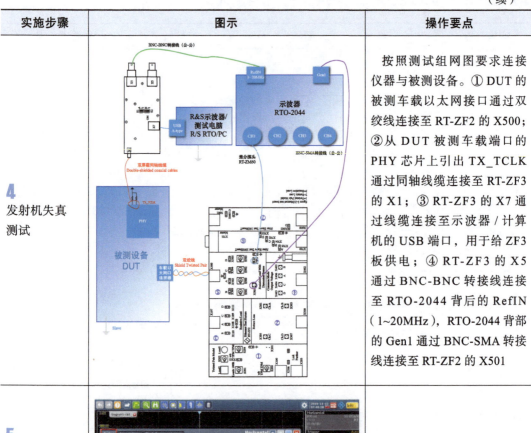	按照测试组网图要求连接仪器与被测设备。① DUT 的被测车载以太网接口通过双绞线连接至 RT-ZF2 的 X500；② 从 DUT 被测车载端口的 PHY 芯片上引出 TX_TCLK 通过同轴线缆连接至 RT-ZF3 的 X1；③ RT-ZF3 的 X7 通过线缆连接至示波器／计算机的 USB 端口，用于给 ZF3 板供电；④ RT-ZF3 的 X5 通过 BNC-BNC 转接线连接至 RTO-2044 背后的 RefIN（1~20MHz），RTO-2044 背部的 Gen1 通过 BNC-SMA 转接线连接至 RT-ZF2 的 X501
5 检查 TX_TCLK 是否已正确引入示波器作为它的外部参考时钟		先发送命令将参考时钟引到测试管脚，按下示波器面板上的"Res Rec Len"按钮，出现如图所示对话框
6 检查 TX_TCLK 是否已正确引入示波器作为它的外部参考时钟	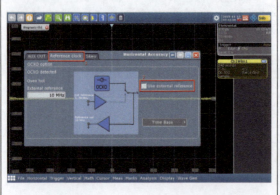	单击"Setep"选项卡下的"Reference"，出现如图对话框

（续）

实施步骤	图示	操作要点
7 检查TX_TCLK是否已正确引入示波器作为它的外部参考时钟	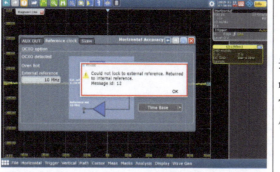	单击"Reference clock"选项下的"Use external reference"，如果DUT发出的TX_TCLK未能被示波器锁住，会弹出如图对话框
8 确认DUT的TX_TCLK是否被示波器锁住	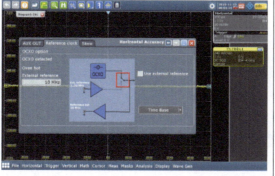	如果DUT的TX_TCLK被示波器锁住，图中的单刀双置开关会置到下面的"Ext. reference"。待DUT的TX_TCLK被示波器锁住，再执行下一步骤
9 在R&S示波器的ScopeSuite软件套件中选择100BASE-T1，进入选择100BASE-T1测试项	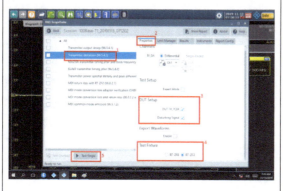	选择Transmitter Distortion进行，在右侧的Properties选项卡下的DUT Setup选项中勾选"DUT TX_TCLK"和"Disturbing Signal"，在Test Fixture选项中勾选正在使用的夹具型号"RT-ZF8"或者"RT-ZF2"，最后单击"Test Single"，如图所示。检查组网口，将示波器的差分探头连接至RT-ZF2的X506（差分探头的"-"靠近X501）；发送Test Mode 4的码型，并在示波器上核对码型是否正确，确认无误后，单击"Next"进行测试

111

（续）

实施步骤	图示	操作要点
10 MDI 回波损耗测试	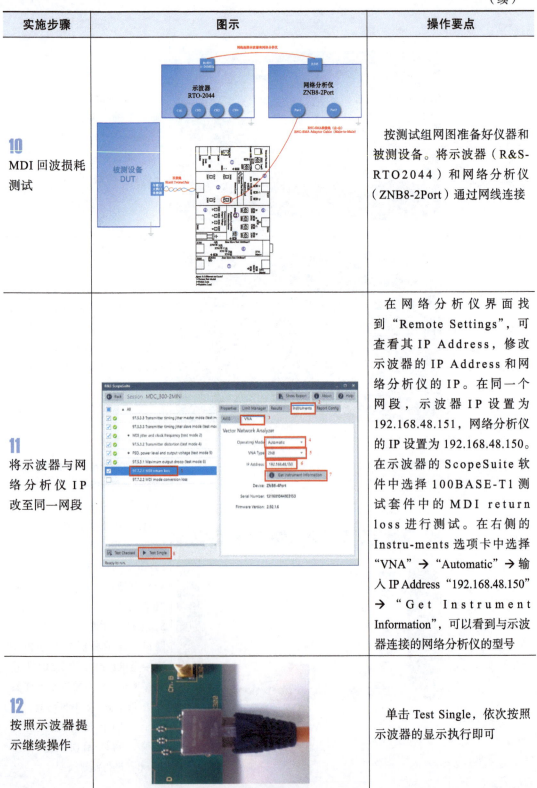	按测试组网图准备好仪器和被测设备。将示波器（R&S-RTO2044）和网络分析仪（ZNB8-2Port）通过网线连接
11 将示波器与网络分析仪 IP 改至同一网段		在网络分析仪界面找到"Remote Settings"，可查看其 IP Address，修改示波器的 IP Address 和网络分析仪的 IP。在同一个网段，示波器 IP 设置为 192.168.48.151，网络分析仪的 IP 设置为 192.168.48.150。在示波器的 ScopeSuite 软件中选择 100BASE-T1 测试套件中的 MDI return loss 进行测试。在右侧的 Instru-ments 选项卡中选择"VNA"→"Automatic"→输入 IP Address "192.168.48.150"→"Get Instrument Information"，可以看到与示波器连接的网络分析仪的型号
12 按照示波器提示继续操作		单击 Test Single，依次按照示波器的显示执行即可

（续）

实施步骤	图示	操作要点
13 用短网线连接 RT-ZF2		使用短网线连接 RT-ZF2 "Return Loss" 模块处的 RJ45 端口
14 设置 DUT		将 DUT 设置为 Slave Mode（MDC 300F 的命令为：./mdc_lswtools -wphy1 1 0x834 0x8000）
15 连接探头与接口		将 ZNB8-2Port1 接口的探头连接至 RT-ZF2 夹具的 X301 接口上
16 用 Calibration Board 校准后测试		使用 Calibration Board 依次将短网线连接至 Open、Short、Match 进行校准；校准完成后，将 DUT 的车载以太网接口通过线缆连接至 X300。测试判据：当 PHY 正在传输数据或控制信号时，MDI 回波损耗（RL）应始终满足以下公式，在 1~66MHz 的频段点上。单击"Next"开始测试

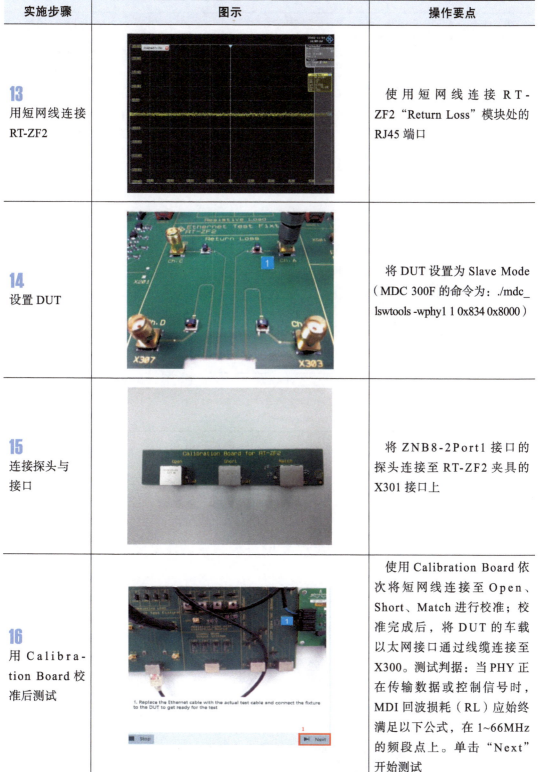

任务 4　用 MDC 300F 进行故障信息分析修复

实施步骤	图示	操作要点
1 完成诊断仪与 MDC 300F 交互	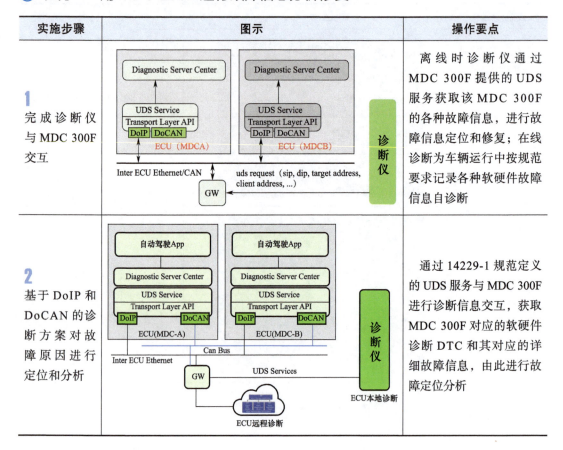	离线时诊断仪通过 MDC 300F 提供的 UDS 服务获取该 MDC 300F 的各种故障信息，进行故障信息定位和修复；在线诊断为车辆运行中按规范要求记录各种软硬件故障信息自诊断
2 基于 DoIP 和 DoCAN 的诊断方案对故障原因进行定位和分析		通过 14229-1 规范定义的 UDS 服务与 MDC 300F 进行诊断信息交互，获取 MDC 300F 对应的软硬件诊断 DTC 和其对应的详细故障信息，由此进行故障定位分析

6.6　任务检查与评价

1. 任务评价

见附录 F　华为 MDC 300F 平台的拆装与调试评分标准。

2. 技能点小结

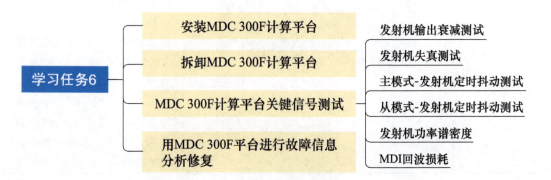

学习任务 7
智行者计算平台的拆装与调试

7.1 任务导入

随着使用时间变长,控制单元在复杂的外界因素影响下可能会发生异常,当控制单元明确已经损坏时,需要完成计算平台的更换工作。你作为一名资深技术员,需要准确地自主完成计算平台的拆装。

7.2 任务分析

知识目标	1. 了解气候条件的具体内容。 2. 了解机械条件的具体内容。 3. 了解电气条件的具体内容。
技能目标	1. 能够独立完成主插接器、WiFi 天线、摄像头接口、千兆网口等接口插接器的拆装工作。 2. 能够独立完成计算平台模块的拆装工作。
素养目标	1. 具备综合学习能力。 2. 具备思维构建能力。

7.3 任务资讯

1. 汽车电子元件的环境

汽车作为交通和运输的主要工具,其内部的电子模块需要在全世界不同的气候、环境中使用,下面我们从气候条件、机械条件和电气条件几个方面进行说明。

（1）气候条件　包括温度、湿度、水分、灰尘和化学物质等方面。

1）温度。汽车的使用范围可以覆盖全世界，车身内部温度可能达到 -40~85℃的范围，在排气口或者发动机附近甚至可以达到 125℃。

2）湿度。空气的相对湿度一般是衡量空气中有多少水蒸气，不同地区的温湿度是不同的。电子模块会面临全球范围内不同地区的湿度环境，从10%到接近100%都有可能。高湿度会迫使水蒸气进入电子模块内部，造成绝缘损坏、期间腐蚀和材料劣化等问题。

3）水分。其比湿度引起故障更严重，虽然车身内部是干燥的，但如果下雨或者车辆进水、车内喝水时不小心洒落到电子模块上，都可能引发模块的损坏。

4）灰尘。车辆在比较差的路况行驶会引起模块的灰尘堆积，影响某些执行器件，如开关、继电器和插接器等的正常工作。

5）化学物质。在清洗和维修汽车时往往会加入洗涤剂，导致在汽车中残留一部分化学物质，造成模块腐蚀；在沿海地区，空气中的水分含盐量很高，也会对电子模块造成很大的影响。

（2）机械条件　机械条件主要是振动和冲击，这两种情况会对汽车电子模块产生破坏作用，比较典型的有电子元件脱焊、线束脱线、触点接触不良、元器件断裂等。

1）机械振动是指车辆在行驶或者发动机运行时，模块一直处于振动状态。发动机运行时仅是轻微振动，车辆行驶时，轮胎和道路会让电子模块处于较大的振动状态中。

2）机械冲击是指车辆发生意外时导致的撞击，此时的撞击可以达到非常高的强度水平。

（3）电气条件　电气条件包括电池电压和地偏移、浪涌电压、无线电磁波干扰等方面。

1）电池电压和地偏移。在汽车起动时，电压会瞬间低于 12V，最低时甚至会达到 6V。充电系统存在严重故障时，电池电压将会达到 18V。由于地线回流的原因，不同接线点之间会存在一定的电压差，也称为地偏移。

2）浪涌电压。打开或者关闭负载时，尤其是大电流的负载在开关时，会在电源线上引起电源电压和地线的波动干扰，特别是发电机的"抛负载"（即发电机上的大部分负载如电池已断开，但发电机没有停止工作而继续运行），会引起电源线上非常大的电压干扰，损坏电子模块。

3）无线电磁波干扰。车辆内部有非常多的噪声源，比如油泵、电池组、各种电机等，并且随着电子设备的普及，还有手机、计算机和其他消费电子设备，电子模块会经受很宽的频带干扰，导致电子模块工作异常。

2. 计算平台各个接口的位置及功能

智行者科技所设计的自动驾驶控制器集成了 4G 天线、GMSL 摄像头、以太网交换机、CAN、LIN、USB2.0、RS232、RS485/422、PPS 同步等模块（图 7-1），采集激光雷达、毫米波雷达、超声波雷达、摄像头等环境感知传感器的信号，采用多传感器融合技术、深度神经网络学习技术等实现感知融合、决策规划、控制执行等自动驾驶的算法，实现车辆的自动驾驶。

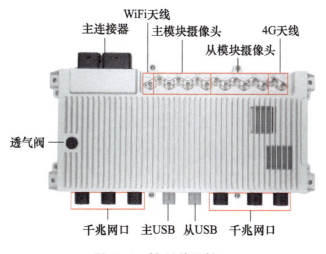

图 7-1 控制单元接口

（1）自动驾驶控制单元的主要插接器 包括电源、CAN 总线、LIN 总线、RS232、RS422 及 PPS 同步等功能信号。

1）CAN 即控制器局域网络。CAN 总线上外接了不同的节点，如整车 CAN 通信节点、毫米波雷达节点等，毫米波雷达的感知数据就是通过 CAN 总线传输给自动驾驶控制单元的。

2）LIN 即本地局域网络，是对 CAN 等其他汽车多路网络的一种补充，适用于对网络的带宽、性能或容错功能没有过高要求的应用。超声波雷达的感知数据就是通过 LIN 总线传输给控制器的。

3）RS422 是串行数据接口标准，在本设备中用来接收外部定位导航设备发出的定位信息。

4）PPS 同步信号是指接收其他定位设备发出的秒脉冲数据，使本地设备与授时设备进行时间同步。

（2）WiFi 天线　内部连接 WiFi 通信模块，其接口形式是 Farkra 接口。

（3）主模块摄像头接口　其为控制器内部主运算单元模块的摄像头接口，其中标识为 MC1~MC4 的为环视摄像头，最大支持 720P；MC5 和 MC6 接口为高清相机，支持 1080P 视频输入。其接口形式也是 Farkra 接口。

（4）从模块摄像头接口　其为控制器内部从运算单元模块的摄像头接口，其中标识为 SC1~SC4 的为环视摄像头，最大支持 720P；SC5 和 SC6 接口为高清相机，支持 1080P 视频输入。其接口形式也是 Farkra 接口。

（5）4G 天线　两个 4G 天线接口，利用移动、联通、电信的第四代移动通信技术实现信息上传及下载。

（6）透气阀　防水透气阀（又称 PUW 透气阀）是将 E-PTFE 膜注塑、超声焊接等工艺结合在一起制造的密封组件。防水透气阀选用膨体聚四氟乙烯（E-PTFE）微孔膜精心制造，该膜的微孔直径在 $0.1 \sim 10 \mu m$ 之间，而气体分子的直径只有 $0.0004 \mu m$ 左右，E-PTFE 膜的孔径比气体直径大 250~25000 倍，因此气体可以顺利通过；而水分子的直径有 $400 \mu m$，比薄膜的微孔直径大 40~4000 倍，另外，由于 E-PTFE 薄膜材料表面能很低，接触角为 $135.6°$，由于表面张力作用（水分子相互拉扯），水汽冷凝变成小水滴在 E-PTFE 膜表面形成较大的水珠，可有效阻止液态水润湿和毛细渗透，因此具有良好的防水透气性能。

（7）千兆网口　接口具备防水功能，每个网口接口可以满足千兆带宽的需求，其用来接收来自激光雷达的点云数据，判断外围环境的状态。

千兆网接口使用的是 HSAutoLink，它是 Molex 推出的一种可靠的互连系统，为点对点的车内连接引入了一种久经考验且符合 USCAR-30 标准要求的解决方案，提供多种键控选项以及全长度的电缆屏蔽层，具有出色的信号性能，而且降低了电磁干扰（EMI）。

（8）主 USB 接口　同样使用 Molex 的 HSAutoLink 接口，其作用是对主计算模块的操作系统、应用程序进行刻录或者接入外部 USB 设备实现特定应用。

（9）从 USB 接口　同样使用 Molex 的 HSAutoLink 接口，其作用是对从计算模块的操作系统、应用程序进行刻录或者接入外部 USB 设备实现特定应用。

（10）4G 的 SIM 卡口　该卡口用金属挡板盖住了（图 7-2），拆开后可见。左侧为 4G1，即从模块计算单元的通信 SIM 卡，右侧为 4G0，即主模块计算单元的通信 SIM 卡。

图 7-2　SIM 卡口

3. 自动驾驶控制器的尺寸结构

智行者科技的自动驾驶控制器的基本结构尺寸为 420mm × 223mm × 54mm，使用 4 个 M6 × 25 螺栓固定，如图 7-3 所示。

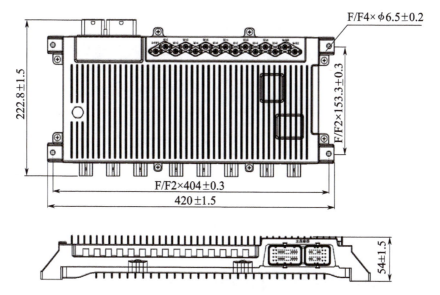

图 7-3　外观尺寸

资讯小结

```
                          ┌─ 气候条件（五个条件）
            ┌─ 汽车电子元件的环境 ─┼─ 机械条件（两个条件）
            │                  └─ 电气条件（三个条件）
计算平台拆装与调试 ─┼─ 计算平台各个接口的位置及功能
            │
            └─ 自动驾驶控制器的尺寸结构
```

7.4 任务准备

1. 工具设备介绍

子任务模块	设备工具
任务 1 车辆的停放	智能网联教学车、安装台
任务 2 控制舱的打开	智能网联教学车、安装台
任务 3 各个通信接口线缆的拔下	智能网联教学车、安装台、十字螺钉旋具
任务 4 控制器本体的拆卸	智能网联教学车、安装台、十字螺钉旋具
任务 5 SIM 卡的更换	智能网联教学车、安装台、十字螺钉旋具
任务 6 自动驾驶控制器计算单元和 SIM 卡的安装	智能网联教学车、安装台、十字螺钉旋具
任务 7 计算平台的运行检测	智能网联教学车、安装台、计算机（Vbuntu 版本 20.04 及以上）、计算平台专用网线

2. 实操预演

第一步　通过链接，熟悉任务流程。
第二步　通过链接，完成计算平台的拆卸。
第三步　通过链接，完成计算平台的安装。
第四步　通过链接，完成计算平台的运行检测。

学习任务 7　智行者计算平台的拆装与调试

实操预演：基于智行者计算机平台的拆装与调试

7.5　任务实施

1. 前期准备

1）工具准备：螺钉旋具套装、计算平台专用网线。

2）耗材准备：防静电手环（手套）。

2. 实操演练

▶ 任务 1　车辆的停放

实施步骤	图示	操作要点
1 移动车辆		移动车辆停在正确位置并进行驻车制动，车辆务必熄火
2 关闭车辆		关闭车辆动力系统，切断自动驾驶控制器电源，并正确穿戴好防静电手套

121

➡ 任务 2　控制舱的打开

实施步骤	图示	操作要点
正确识别控制舱的位置		打开自动驾驶控制器的安装舱，找到自动驾驶控制器计算单元

➡ 任务 3　各个通信接口线缆的拔下

实施步骤	图示	操作要点
1　拔掉网线	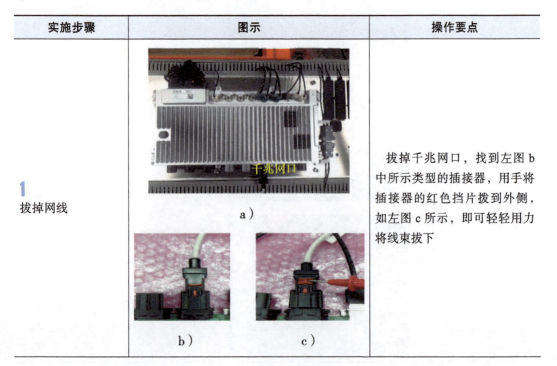　a）　b）　c）	拔掉千兆网口，找到左图 b 中所示类型的插接器，用手将插接器的红色挡片拨到外侧，如左图 c 所示，即可轻轻用力将线束拔下

（续）

实施步骤	图示	操作要点
2 拔掉 USB 接口		USB 接口与千兆网口的接插件类型一致，颜色为白色，可以按照拔网口的方法拔掉 USB 接口
3 拔掉各个 Farkra 接口		每个 Farkra 接口都有一个锁扣紧固接插件，防止意外脱落。因此拔下 Farkra 接口时需要用手按住锁扣，然后轻轻用力拔下即可。此接插件属于精密射频器件，插拔次数超过 20 次可能会导致信号异常（阻抗变化、接触不良等）。因此建议使用 WiFi 接口（不常用的功能）的 Farkra 头进行教学及实操演练
4 卸载插接器		拔掉主线束插接器。找到主插接器位置，并找到左图所示的主插接器护套卡扣，用手用力按压一下，然后将二级锁固件向相反方向掰动，这样主插接器即可拔下来了

⇒ 任务 4　控制器本体的拆卸

实施步骤	图示	操作要点
拆卸控制器本体		拆卸控制器本体前，可以将控制器各个接口的连接情况拍照留存，便于更换控制器后顺利复原。在螺钉旋具套装里面找寻合适的十字螺钉旋具，拧下控制器本体四周的固定螺钉，放到指定位置的绝缘垫上

任务 5　SIM 卡的更换

实施步骤	图示	操作要点
1 卸除 SIM 卡盖板		找到控制器侧面的 SIM 卡挡板，在螺钉旋具套装内找寻合适的十字螺钉旋具，将盖板周围的六个固定螺钉拧下。并选用合适的一字螺钉旋具，将盖板轻轻撬下
2 取出 SIM 卡	a) b)　　c)	用手按下左图 a 中的弹簧按钮，SIM 卡托盘会自动弹出，将托盘取出，然后将托盘内的 SIM 卡取下。如果 SIM 卡安装较紧，可以用稍微尖锐的物品轻轻戳一下卡托背部的圆孔，SIM 卡会轻松掉落

任务 6　自动驾驶控制器计算单元和 SIM 卡的安装

实施步骤	图示	操作要点
1 安装新的自动驾驶控制器计算单元和 SIM 卡		安装固定螺栓时，应使用扭力扳手按照规定的力矩，对固定螺栓进行紧固
2 接通电源，并起动车辆		关闭车辆动力系统，切断自动驾驶控制器电源

➡ 任务7　计算平台的运行检测

实施步骤	图示	操作要点
1 连接车端与计算平台		使用通信网线将车端的计算平台千兆网口与计算平台装配调试台架网口相连
2 打开电源并打开软件		开启台架电源开关，开启一体机，并启动上位机软件
3 利用上位机软件查看计算平台的通信是否正常	 	如果功能不正常，首先检查各个接口及线束是否连接准确 1）关闭上位机软件 2）关闭一体机和台架电源 3）断开车端计算平台与台架网口相连的网线 4）关闭动力系统、停车制动 5）整理台架、自动驾驶教学车及工位，恢复至原样

125

7.6 任务检查与评价

1. 任务评价

见附录 G　智行者计算平台的拆装与调试评分标准。

2. 技能点小结

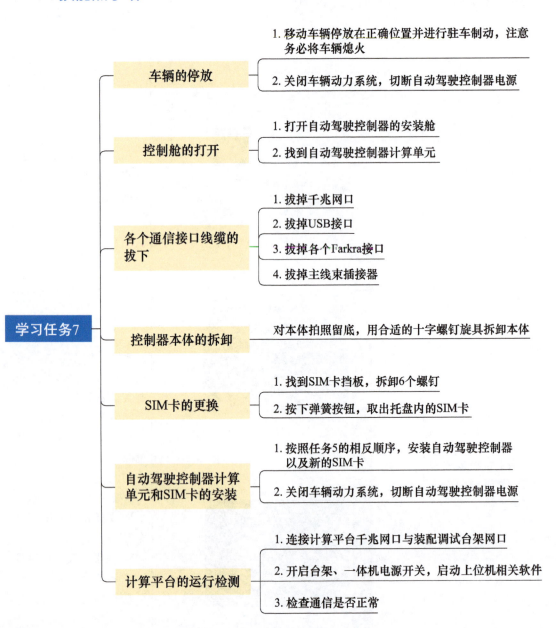

学习任务 8
软件部署

8.1 任务导入

最近组装车间新来了一名技术员,他需要对计算平台内的软件进行手动升级,你作为一名资深技术员,需要准确地为他介绍软件部署的方法,并帮助他自主完成计算平台软件部署升级的工作。

8.2 任务分析

知识目标	1. 了解软件部署的概念。 2. 了解 OTA 概念、汽车与 OTA 的关系。 3. 熟悉 OTA 的设计原理与要求。
技能目标	1. 能够熟练使用软件部署升级时所需的工具。 2. 能够熟练使用 OTA 设计,掌握 OTA 的部署方法。 3. 能够独立完成计算平台的软件部署升级工作。
素养目标	1. 具备综合学习能力。 2. 具备思维构建能力。

8.3 任务资讯

1. 软件部署的介绍

软件部署是指将软件包（包括可执行文件、依赖库、配置文件、启动脚本等）打包、安装、配置、发布的过程。软件部署通常用软件工具进行标准化处理，以保证安装配置的一致性；软件部署包括软件正式发布的部署和自动驾驶调试时的软件部署。

正式的软件部署通常指的是通过空中下载技术（OTA）升级，通过云端发布软件版本，车端开机时会收到升级的请求，OTA 终端软件会自动下载软件包，然后完成软件的部署；调试时的部署主要是在线下将计算机连接到升级对象，在本地用自动化部署软件或脚本实现软件部署，整体部署的过程与 OTA 部署的处理逻辑是一致的，以保证自动驾驶软件的正常运行。

2. OTA 的概念

OTA（Over The Air）是一项基于短消息机制，通过手机终端或服务器（网上）方式实现 SIM 卡内业务菜单的动态下载、删除与更新，使用户获取个性化信息服务的数据增值业务（简称 OTA 业务），是通过移动通信的空中接口对 SIM 卡数据及应用进行远程管理的技术。

随着科学技术的不断发展，尤其是互联网、大数据以及 5G 网络、智能化等技术的普及，OTA 技术在汽车领域的应用，同样为汽车这个行业带来了很多的变化，使得汽车更加智能和便捷。

整车 OTA 技术目前主要用在新能源汽车及自动驾驶汽车领域，用户可以通过手机的一些终端网络设备，远程对需要升级的汽车软件或自动驾驶系统软件进行下载，如果汽车需要修改相应设置，也可以进行远程修改；如果自动驾驶汽车需要对自动驾驶系统进行升级，也可以通过 OTA 来完成，就像对手机进行升级一样。当汽车客户端下载完软件升级包之后，按提示重新起动车辆，满足升级条件时（比如车辆运行情况、电池电量等），车辆会对功能进行操作限制，然后自动进入整车升级过程。整车 OTA 升级完成后，一般还会要求重起一次车辆，对整个系统进行初始化，整车正常起动后即可使用更新后的功能。目前主流的自动驾驶和新能源车企都具备 OTA 的能力，如比亚迪、蔚来、小鹏、特斯拉等。

3. 汽车与 OTA 的关系

随着汽车"电动化，网联化，智能化，共享化"的推进，其电子化程序也越来越高，汽车电子成本占整车成本的比重逐步提升，且新能源车比传统车明显提升很多。"软件定义汽车"已成为汽车的发展趋势，汽车软件的复杂度也随之大增，软件故障的修复以及个性化定制需求的更新，仅通过 4S 店升级难以给予用户最佳的体验。OTA 带来的优势如下：

1）OTA 可以远程为用户修复软件故障，大幅度缩短中间步骤的时间，使软件快速到达用户，减少汽车制造商和用户的成本，包括汽车制造商的召回成本、用户的时间成本。

2）OTA 可以为车辆增加新功能，增加用户的新鲜感。

3）OTA 拓宽了"服务"和"运营"的范畴，增加了车辆的附加价值。

与此同时，OTA 也带来了新的挑战，由于车载 ECU 众多，网络复杂，一旦车辆与外界建立通信，带来了原本封闭的网络受到入侵的可能性，如何保证车辆安全，建立安全防护措施是 OTA 的重要课题。

当然，整车 OTA 技术也为未来汽车发展带来新的变化：第一，可以为汽车用户节约很多的时间。因为平时去 4S 店升级系统的时候，需要预约、排队、等候，浪费了很多的时间和精力。第二，可以为汽车用户节约成本。去 4S 店升级，不仅需要支付升级系统的费用，还要支付工时费，总体支出比较多。第三，整车 OTA 技术的应用，还会让越来越多的车企参与这个领域的竞争，配置的车型也会越来越多，让消费者有了更多选择的余地，同时也能实现真正的智能化，让更多用户体验高科技带来的便捷。

4. 汽车 OTA 的设计要求

OTA 的设计要求主要从安全、时间、版本管控、异常处理方面考虑，具体为：

1）软件升级时间最短，就是确保车辆无法行驶的时间最短。车载 ECU 通常是通过 CAN 或 Ethernet 刷写，在带宽允许的情况下，尽可能采取并行刷写模式，选取刷写时间最长的节点优先处理等设计原则。

2）版本管控对于 OTA 来说很重要，因为车辆上 ECU 众多，不同 ECU 有不同版本的软件，另外生产商的车型众多，不同车型 ECU 的需求不同，版本也存在差异。

3）异常处理方案见表 8-1。在 OTA 传输过程中，外界干扰或者其他因素导致刷写异常或者中断，车载 ECU 必须支持软件回滚、断点续传、丢失重传等处理机制。

表 8-1　异常处理方案

序号	当前状态	异常描述	异常处理操作
1	传输过程中	接收文件失败	提示用户接收文件失败，返回正常模式
2	正在刷写	异常导致 ECU 重启	进入升级模式，重新刷写
3	正在刷写	刷写失败	提示用户刷写失败，回滚至备份软件
4	刷写完成	软件无法启动	切换至备份软件启动

4）安全是 OTA 优先考虑的内容，保证车辆信息安全是当前 OTA 的一项挑战，必须从硬件、软件、云端几个方面及三者之间的传输应用来解决。

在数据传输链路上，通过遵守适当的传输协议保证其安全性。功能分区是降低风险的一种特别重要的技术，功能分区意味着对关键功能进行隔离，降低风险。车辆功能安全和冗余在设计上的考虑主要是基于 ISO 26262 标准，可以通过优化车载网络架构，将不同的域划分成不同的 ASIL 等级，将不同安全等级的 ECU 进行分隔，另外采用并行独立的 OTA 路径。信息安全上的考虑，包括网络安全、主机安全、数据库安全、数据传输安全等。

5. 自动驾驶汽车 OTA 的基本架构

OTA 整体架构包含 OTA 云端、OTA 终端、OTA 对象三部分，如图 8-1 所示。OTA 云端为 OEM 专属的云端服务器平台。OTA 终端采用 T-BOX，网络架构按功能域划分，分为自动驾驶系统域、动力系统域、车身系统域、影音系统域四个不同的功能安全等级。

OTA 云端也称为 OTA 云服务平台，包含 OEM 支持 OTA 升级的

ECU 全部的完整升级包。OTA 云端的设计要求是独立的平台，支持多车型、多型号规格、多种类型 ECU 软件的升级。OTA 云端的框架结构主要包括五部分：OTA 管理平台、OTA 升级服务、任务调度、文件服务、任务管理。

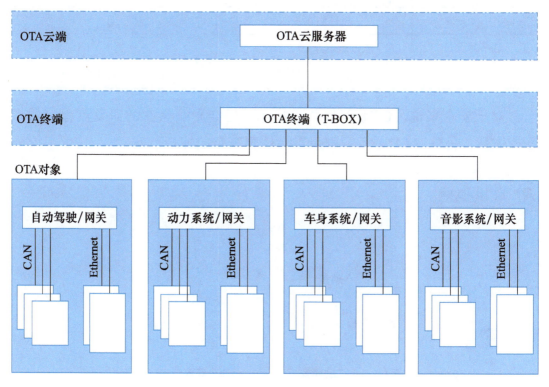

图 8-1　OTA 架构

OTA 终端主要包含 OTA 引擎和 OTA 适配器，其中 OTA 引擎是一个连接 OTA 终端与 OTA 云端的桥梁，实现云端同终端的安全通信，包括升级包下载、升级包解密、差分包重构等功能。OTA 适配器是为兼容不同的软件或设备的不同更新逻辑或流程，根据统一的接口要求实现不同的封装。升级适配器由需要 OTA 升级的各个 ECU 软件提供。

汽车 OTA 对象主要包括影音系统、ADAS 软件，以及车内嵌入式 ECU。嵌入式 ECU 通常采用软件备份功能，即 ECU 内部使用两片区域，一部分用于存储当前运行的程序，一部分用于存储备份程序。除第一次安装或者设备下线时，ECU 内部只有一份软件外，之后安装的软件都会与上一份共存。当前运行的是最新的软件，如果升级过程中发生错误或者刷写的程序不能运行，ECU 内部自动回滚至上一版程序，防止车辆停驶。具体升级要求见表 8-2。

表 8-2 升级要求

步骤	分区 1	分区 2
第一次安装	软件版本 V1.0	无
第一次升级	软件版本 V1.0（备份）	软件版本 V1.1
第二次升级	软件版本 V1.2	软件版本 V1.1（备份）

对于车企来说，OTA 不仅关乎技术，还会影响汽车的研发流程、质量管控体系，另外 OTA 是互联网思维渗透到车企的体现。

资讯小结

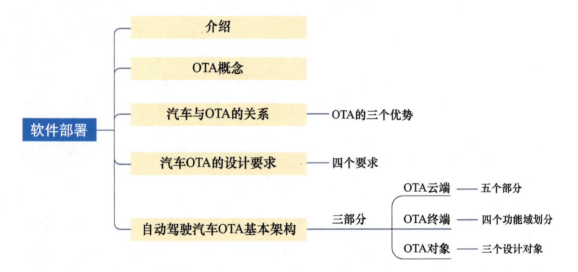

8.4 任务准备

1. 工具设备介绍

子任务模块	设备工具
任务 1 车辆停放与起动	智能网联教学车

（续）

子任务模块	设备工具
任务 2 上位机启动	智能网联教学车、计算平台专用网线、计算机（系统版本 Windows 7 及以上，VMware 版本 16.0.0 及以上）
任务 3 查找软件包位置	
任务 4 查看原始软件版本号	
任务 5 软件包更新	
任务 6 版本核对	
任务 7 删除控制器内的软件包	
任务 8 关机操作	

2. 实操预演

第一步　通过链接，熟悉任务流程。

第二步　通过链接，熟悉软件部署实施步骤。

软件部署

8.5 任务实施

1. 前期准备

1）工具准备：软件升级包。

2）软件环境准备：上位机环境、计算平台环境、基础软件等调试。

2. 实操演练

➡ 任务1 车辆停放与起动

实施步骤	图示	操作要点
1 停放车辆		将车辆安全停放在正确位置
2 起动车辆		打开点火开关,确保车辆在驻车状态
3 检查车辆		检查车辆状态是否正常,确保车辆在驻车状态,并且必须是处于非自动驾驶状态

➡ 任务2 上位机启动

实施步骤	图示	操作要点
1 连接车辆和计算机		使用网线连接车端计算平台与台架网口

学习任务 8　软件部署

（续）

实施步骤	图示	操作要点
2 检查设备并开启电源		确定台架供电线路连接正常，打开开关给上位机供电
3 启动计算机系统		打开上位机，等待 Windows 系统启动。确保车辆在驻车状态，并且必须是处于非自动驾驶状态
4 启动 VMware 虚拟机		Windows 系统启动后进入桌面，双击打开 VMware 虚拟机
5 启动 Ubuntu 系统		虚拟机软件启动后选择 Ubuntu 系统，然后单击启动按钮，等待 Ubuntu 系统启动

任务 3　查找软件包位置

实施步骤	图示	操作要点
1 查看文件目录		使用快捷键 <Ctrl+Alt+T>，在该路径下打开终端命令窗口。输入"ls"，查看文件目录
2 找到 resident 软件压缩包		输入"cd deploy1+X_V1.0"，进入该文件夹，然后输入"ls"查看该文件所包含的内容。并找到 resident 软件压缩包

任务 4　查看原始软件版本号

实施步骤	图示	操作要点
1 测试数据通信是否正常		新建指令窗口，并输入"ping 192.168.1.102"，进行数据通信测试。数据通信正常的情况下会有相应的数据值
2 停止数据刷新		按下 <Ctrl+C> 停止数据刷新
3 进入控制器		输入"ssh nvidia@192.168.1.102"，然后输入密码：idriver_bbox，进入控制器
4 查看文件内容		输入"cd /work/share/project/resident"，查找到 resident 文件。然后输入"ls"查看该文件夹内所含的文件

（续）

实施步骤	图示	操作要点
5 查看软件版本号	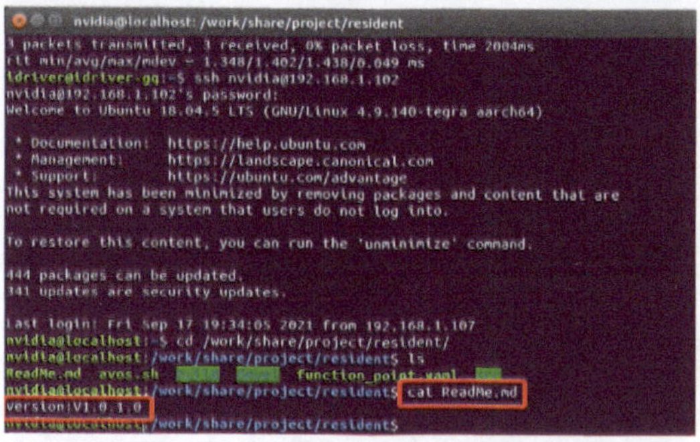	输入"cat ReadMe"，查看软件原始版本号：V1.0.1.0

➲ 任务 5　软件包更新

实施步骤	图示	操作要点
1 解压软件压缩包	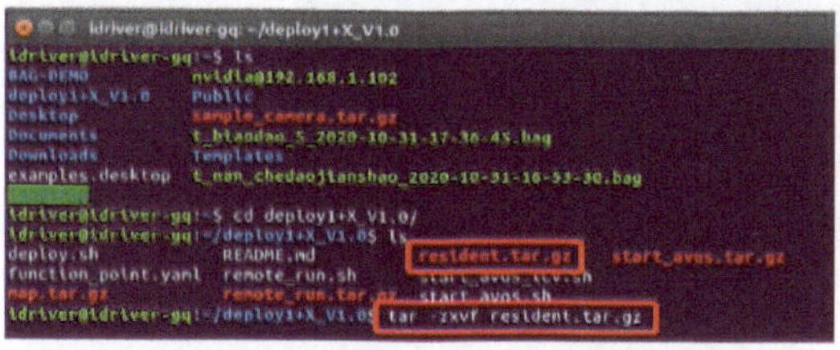	重新回到第一个指令窗口，输入"tar -zxvf resident.tar.gz"，对"resident.tar.gz"压缩包进行解压。在软件更新的过程中一定不能断开连接，必须保证网络连接正常
2 查看解压后的文件内容	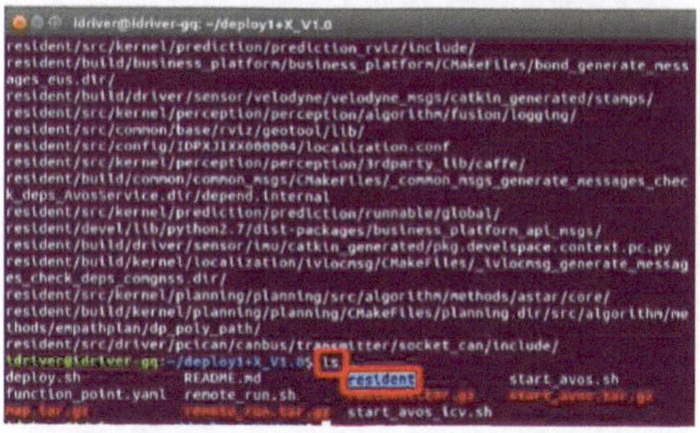	输入"ls"，查看解压后的文件。并找到"resident"文件夹
3 找到"ReadMe"文件	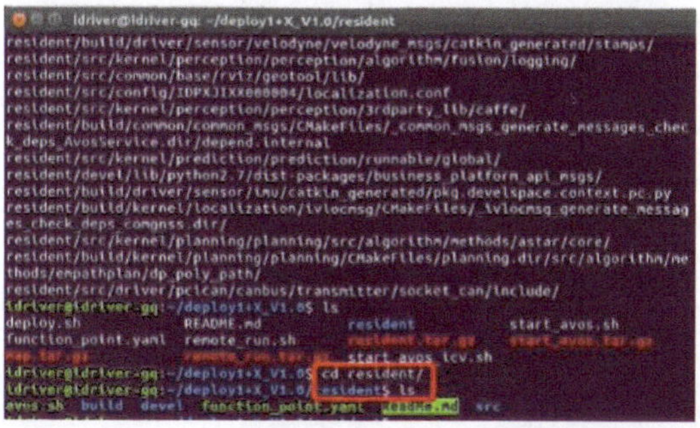	输入"cd resident"进入该文件夹。然后输入"ls"查看该文件夹内容，并找到"ReadMe"文件

（续）

实施步骤	图示	操作要点
4 查看最新软件版本号	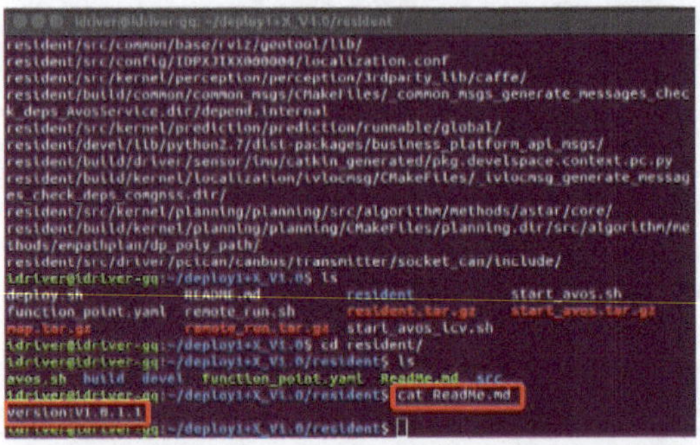	输入"cat ReadMe"，查看最新软件版本号：V1.0.1.1
5 返回上一级目录	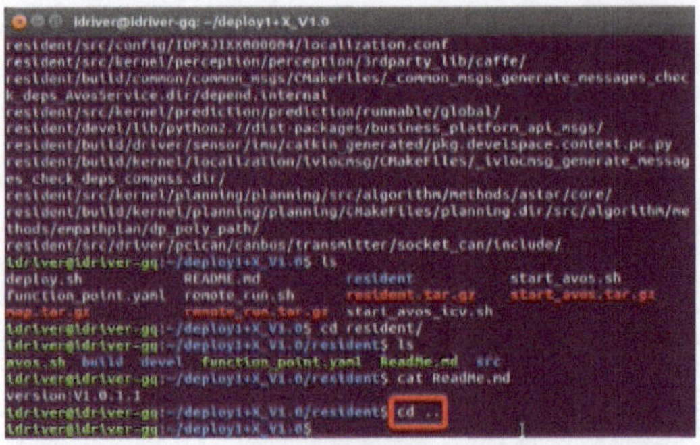	输入"cd .."，返回至上一级目录
6 执行脚本文件	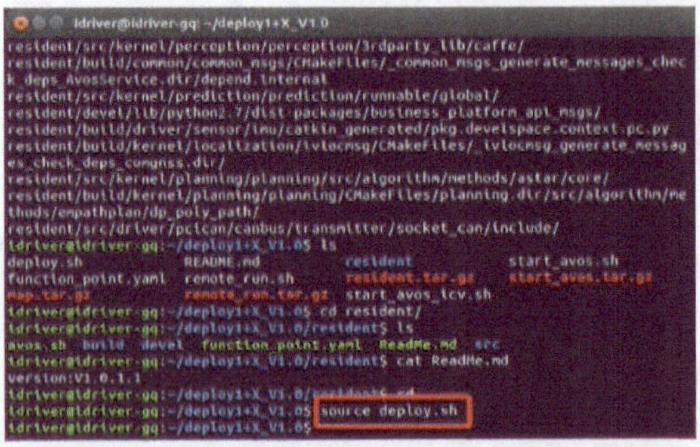	输入"source deploy.sh"，执行"deploy.sh"脚本
7 部署文件	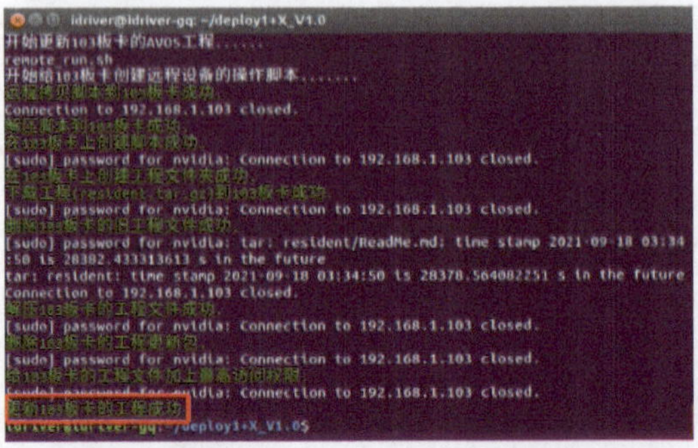	输入"deploy -p"，部署"deploy"

任务 6 版本核对

实施步骤	图示	操作要点
1 查看最新软件版本号		重新回到第二个指令窗口，输入"cat ReadMe"，查看最新软件版本号：V1.0.1.1
2 进行版本核对		与原始版本对比，即可发现已完成版本更新工作

任务 7 删除控制器内的软件包

实施步骤	图示	操作要点
1 找到"resident"文件		重新回到第一个指令窗口，输入"ls"，并找到"resident"文件
2 删除"resident"文件		输入"rm -rf resident"，然后输入"ls"，进行查看。确认"resident"文件已被删除

（续）

实施步骤	图示	操作要点
3 关闭窗口		关闭第一个指令窗口
4 退出控制器		重新回到第二个指令窗口，输入"exit"，安全退出控制器
5 关闭窗口		关闭第二个指令窗口

任务8 关机操作

实施步骤	图示	操作要点
1 关闭VMware软件和计算机		在虚拟机软件上单击关机，正常关机后再回到Windows系统下，将Windows系统也关机即可

（续）

实施步骤	图示	操作要点
2 关闭电源	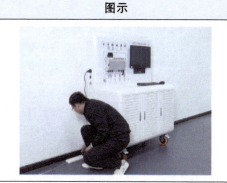	正常关机后即可断掉电源开关
3 解除网线连接		收回车端计算平台与台架之间的网线
4 关闭车辆		操作智能网联教学车上的制动开关并按下点火开关，即可将车辆下电关机
5 整理工具及场地		整理台架、智能网联教学车及工位，恢复至原样

8.6 任务检查与评价

1. 任务评价

见附录 H　软件部署评分标准。

2. 技能点小结

学习任务8

- **车辆的停放与起动**
  1. 将车辆安全停放在正确位置
  2. 打开点火开关，确保车辆在驻车状态
  3. 检查车辆是否正常，是否处于非自动驾驶状态

- **上位机启动**
  1. 使用网线连接车端计算平台与台架网口
  2. 检查台架供电线路连接正常，打开开关给上位机供电
  3. 打开上位机等待Windwos系统启动
  4. Windwos系统启动后进入桌面，双击打开VMware虚拟机
  5. 等待虚拟机软件启动后选择Ubuntu系统，然后单击启动按钮，等待Ubuntu系统启动

- **查找软件包位置**
  1. 打开终端命令窗口，输入"IS"查看文件目录
  2. 找到resident软件压缩包

- **查看原始软件版本号**
  1. 输入"ping 192.168.1.102"，进行数据通信测试
  2. 按下<Ctrl+空格>停止数据刷新
  3. 输入密码，进入控制器
  4. 输入"cd/work/share/project/resident"，查找到resident文件
  5. 输入"cat ReadMe"，查看软件原始版本号

- **软件包更新**
  1. 重新回到第一个指令窗口，输入"tar-zxvf resident.tar.gz"，对"resident.tar.gz"压缩包进行解压
  2. 输入"is"，查看解压后的文件
  3. 输入"is"查看该文件夹内容
  4. 输入"cat ReadMe"，查看最新软件版本号
  5. 输入"cd.."，返回至上一级目录
  6. 输入"source deploy.sh"，执行"deploy.sh"脚本
  7. 输入"deploy-p"，部署"deploy"

- **版本核对**
  1. 重新回到第二个指令窗口，输入"cat ReadMe"，查看最新软件版本号
  2. 与原始版本对比，即可发现已完成版本更新工作

- **删除控制器内的软件包**
  1. 重新回到第一个指令窗口中，输入"is"，并找到"resident"文件
  2. 输入"rm-rf resident"，然后输入"is"，进行查看，并确认删除"resident"文件
  3. 重新回到第二个指令窗口，输入"exit"，安全退出控制器
  4. 关闭第二个指令窗口

- **关机操作**
  1. 先关闭虚拟软件，再关闭windows系统
  2. 确认完成步骤一后可断掉电源
  3. 收回车端与计算平台间的网线
  4. 将车辆下电关机

附录
评价标准

附录 A 计算平台认知评分标准

学生姓名：_____　　学生学号：_____　　操作用时：_____ min

序号	作业内容	配分	作业项目	分值	扣分	备注
1	安全停放教学车	20	将智能网联教学车停放至安全位置	10		如未操作，现场考评员（裁判）提醒并扣分
			拉起驻车制动开关，关闭点火开关	10		
2	计算平台部件认知	20	结合知识背景介绍确认车载计算平台的部件	10		如介绍（讲解）不正确，现场考评员（裁判）根据情况酌情扣分
			确认计算平台部件的型号	10		
3	计算平台基础知识讲解	50	介绍计算平台的含义、定位	10		
			学习计算平台的发展历程与现状	10		
			介绍自动驾驶与自动驾驶等级	10		
			讲解车载计算单元电子芯片的概念	10		
			讲解车载计算单元电子芯片的发展趋势	10		
4	计算平台部件连接	10	完成计算平台线路连接与检查	10		如未操作，现场考评员（裁判）提醒并扣分
			合　　计	100		

备注：无

考核成绩：_____　　教师签字：_____

附录 B 计算平台架构认知评分标准

学生姓名：_____   学生学号：_____   操作用时：_____ min

序号	作业内容	配分	作业项目	分值	扣分	备注
1	完成对自动驾驶计算平台结构图的认知	50	熟悉自动驾驶计算平台结构的各个模块	20		如介绍（讲解）不正确，现场考评员（裁判）根据情况酌情扣分
			讲解自动驾驶计算平台中各个模块的功能及作用	30		
2	完成对车载智能计算平台架构图的认知	50	熟悉车载智能计算平台架构的各个模块	20		
			讲解车载智能计算平台架构中各个模块的功能及作用	30		
	合　计			100		

备注：无

考核成绩：_____   教师签字：_____

附录 C 计算平台硬件认知评分标准

学生姓名：_____   学生学号：_____   操作用时：_____ min

序号	作业内容	配分	作业项目	分值	扣分	备注
1	简述华为 MDC 架构	25	熟悉华为 MDC 架构的各个模块	5		如介绍（讲解）不正确，现场考评员（裁判）根据情况酌情扣分
			讲解华为 MDC 架构各个模块的功能及作用	20		
2	简述智行者 Brain Box 架构	25	熟悉智行者 Brain Box 架构的各个模块	5		
			讲解智行者 Brain Box 架构各个模块的功能及作用	20		
3	简述百度 ACU 架构	25	熟悉百度 ACU 架构的各个模块	5		
			讲解百度 ACU 架构各个模块的功能及作用	20		
4	简述地平线 Matrix 2.0 架构	25	熟悉地平线 Matrix 2.0 架构的各个模块	5		
			讲解地平线 Matrix 2.0 架构各个模块的功能及作用	20		
			合　　计	100		

备注：无

考核成绩：_____   教师签字：_____

附录 D Python 基础知识评分标准

学生姓名：_____   学生学号：_____   操作用时：_____ min

序号	作业内容	配分	作业项目	分值	扣分	备注
1	打开 Python 运行环境	20	开启计算机电源，按下计算机开关机按钮，启动计算机	20		
2	Python 运行环境的安装	20	下载 Python 程序安装包	10		
			完成 Python 程序的安装	10		
3	Python 基础操作指令的学习	40	学习 Python 中输出语句的用法	5		如有未完成的项目，根据情况酌情扣分
			学习 Python 中输入语句的用法	5		
			学习 Python 中字符串的用法	5		
			学习 Python 中列表的用法	5		
			学习 Python 中元组的用法	5		
			学习 Python 中字典的用法	5		
			学习 Python 中函数的用法	5		
			学习 Python 中类的用法	5		
4	关闭 Python 运行平台	20	关闭计算机后拔下计算机电源	20		如未操作，现场考评员提醒并扣除对应项目的分值
	合 计			100		

备注：无

考核成绩：_____   教师签字：_____

附录 E Linux 基础知识评分标准

学生姓名：_____　　　学生学号：_____　　　操作用时：_____ min

序号	作业内容	配分	作业项目	分值	扣分	备注
1	打开 Linux 运行环境	20	开启计算机电源，按下计算机开关机按钮，启动计算机	20		
2	Linux 系统的安装	20	下载 Ubuntu 安装包	10		如有未完成的项目，根据情况酌情扣分
			完成 Ubuntu 系统的安装	10		
3	在 Ubuntu 上运行 Python	40	打开 Ubuntu 系统	10		
			在桌面打开终端	10		
			确认预安装的 Python 版本号	10		
			运行 Python 程序	10		
4	关闭 Linux 运行平台	20	关闭计算机后拔下计算机电源	20		如未操作，现场考评员提醒并扣除对应项目分值
			合　计	100		

备注：无

考核成绩：_____　　　教师签字：_____

附录 F 华为 MDC 300F 平台的拆装与调试评分标准

学生姓名：_____　　　　学生学号：_____　　　　操作用时：_____ min

序号	作业内容	配分	作业项目	分值	扣分	备注
1	MDC 300F 平台前期准备	20	将诊断仪放至安全位置，检查安装设备与工具（智能网联教学车、计算平台装配调试台架、计算平台专用网线、扭力扳手、无纺布、安全帽、绝缘垫和工作手套），穿戴好防护用具	20		如不齐全或者不满足使用要求，考生报告现场考评员补齐或更换，之后仍需检查
2	安装 MDC 300F 计算平台	10	将 MDC 300F 平台放至指定位置，安装孔对齐安装平台，并用接地线连接 MDC 300F 平台	5　5		
3	拆卸 MDC 300F 计算平台	10	断开 MDC 300F OT 端子接地连接	5		
			将 MDC 300F 平台从安装架卸下，放至安全位置	5		
4	MDC 300F 计算平台关键信号测试	30	发射机输出衰减测试	5		如有未完成的项目，根据情况酌情扣分
			发射机失真测试	5		
			主模式–发射机定时抖动测试	5		
			从模式–发射机定时抖动测试	5		
			发射机功率谱密度，按测试组网图进行组网	5		
			MDI 回波损耗测试	5		
5	用 MDC 300F 平台进行故障信息分析修复	10	完成诊断仪与 MDC 300F 交互	5		
			利用诊断仪定位、修复 MDC 300F 平台中的故障信息	5		
6	MDC 300F 实验用具整理	20	整理实验桌，检查安装设备与工具是否完好	20		如未操作，现场考评员提醒并扣除对应项目的分值
	合　计			100		

备注：无

考核成绩：_____　　教师签字：_____

附录 G 智行者计算平台的拆装与调试评分标准

学生姓名：_____   学生学号：_____   操作用时：_____ min

序号	作业内容	配分	作业项目	分值	扣分	备注
1	前期准备工作	10	检查安装设备与工具，穿戴好防护用具（智能网联教学车、计算平台装配调试台架、螺钉旋具套装、计算平台专用网线、防静电手套、绝缘垫）	10		如不齐全或者不满足使用要求，考生报告现场考评员补齐或更换，之后仍需检查
2	安全停放教学车	15	将智能网联教学车停放至安全位置	5		
			拉起驻车制动开关、关闭点火开关	10		
3	熟悉控制舱操作	10	打开自动驾驶控制器的安装舱	5		
			找到自动驾驶控制器计算单元	5		
4	断开各通信接口线缆	20	找出千兆网口并断开通信	5		
			找出 USB 接口并断开通信	5		
			找出 Farkra 接口并断开通信	5		
			找出主线束插接器口并断开通信	5		
5	控制器本体的拆卸	5	用合适的十字螺钉旋具拆卸控制器本体	5		如未操作，现场考评员（裁判）提醒并扣分
6	SIM 卡更换	5	打开 SIM 卡挡板，按下弹簧按钮使其弹出	5		
7	自动驾驶控制器计算单元和 SIM 卡的安装	10	安装 SIM 卡并固定 SIM 卡挡板	5		
			关闭车辆动力系统，切断自动驾驶控制室电源	5		
8	计算平台的运行检测	15	用通信网线连接车端计算平台与调试台架	5		
			依次开启台架电源、一体机电源并启动上位机软件	5		
			利用上位机软件查看通信状况	5		
9	各操作单元复位	10	整理实验桌，检查实验设施是否完好	10		
	合　　计			100		

备注：无

考核成绩：_____   教师签字：_____

附录 H 软件部署评分标准

学生姓名：_____　　　　学生学号：_____　　　　操作用时：_____ min

序号	作业内容	配分	作业项目	分值	扣分	备注
1	前期准备工作	10	检查安装设备与工具，穿戴好防护用具（智能网联教学车、计算平台装配调试台架、螺钉旋具套装、计算平台专用网线、防静电手套、绝缘垫）	10		如不齐全或者不满足使用要求，考生报告现场考评员补齐或更换，仍需检查
2	上位机启动	25	连接车辆和计算机	5		如未操作，现场考评员（裁判）提醒并扣分
			检查设备并启动电源	5		
			启动计算机系统	5		
			启动 VMware 虚拟机、启动 Ubuntu 系统	10		
3	软件包更新	25	找出要升级的软件包	5		如未操作，现场考评员（裁判）提醒并扣分
			解压软件压缩包，并查看解压后的文件内容	5		
			找到"ReadMe"文件，并查看最新软件版本号	5		
			执行脚本文件，并部署文件	10		
4	版本核对	5	查看最新软件版本号，并核对版本	5		如未操作，现场考评员（裁判）提醒并扣分
5	删除控制器软件包	5	找到"resident"文件后，删除文件，关闭窗口	5		如未操作，现场考评员（裁判）提醒并扣分
6	关机操作	20	关闭 VMware 软件和计算机	10		如未操作，现场考评员（裁判）提醒并扣分
			关闭电源，解除网线连接	5		
			关闭车辆	5		
7	各操作单元复位	10	整理实验装置，检查实验设施是否完好	10		如未操作，现场考评员（裁判）提醒并扣分
			合　计	100		

备注：无

考核成绩：_____　　　　教师签字：_____

参考文献

[1] 孙超，黄愉文，张凯，等.智能网联汽车产业政策趋势分析及发展思考[J].城市交通，2022（1）:52-58.

[2] 王建强，王昕.智能网联汽车体系结构与关键技术[J].长安大学学报（社会科学版），2017，19（6）:18-25.

[3] 宋涛，李秀华，李辉，等.大数据时代下车联网安全加密认证技术研究综述[J/OL].计算机科学，2021（12）:1-27[2022-02-15].http://kns.cnki.net/kcms/detail/50.1075.tp.20211210.2214.004.html.

[4] 孙德龙，付莹莹，程翠锋，等.汽车电器架构发展趋势[J].重型汽车，2021（6）:17-18.

[5] 钟永超，杨波，杨浩男，等.智能网联汽车安全综述[J].信息安全研究，2021，7（6）:558-565.

[6] 李克强，常雪阳，李家文，等.智能网联汽车云控系统及其实现[J].汽车工程，2020，42（12）:1595-1605.

[7] 运营商财经网.吉利和高通、高新兴合作，引入5G与C-V2X汽车技术[J].汽车实用技术，2019（5）:2.

[8] 蒋新华，胡惠淳，张锦，等.云计算系统研究及其在交通运输中的应用[J].计算机技术与发展，2014，24（11）:217-221，225.

[9] 孟天闯，李佳幸，黄晋，等.软件定义汽车技术体系的研究[J].汽车工程，2021，43（4）:459-468.

[10] 林庆峰，王兆杰，鲁光泉.L3级自动驾驶汽车的接管安全性评价模型[J].汽车工程，2019，41（11）:1258-1264.

[11] 朱向雷，王海弛，尤翰墨，等.自动驾驶智能系统测试研究综述[J].软件学报，2021，32（7）:2056-2077.

[12] 陈炳欣.汽车芯片：从传统分布式架构向集中式架构演进[N].中国电子报，2021-10-12（8）.

[13] 路辉，董昕玉.基于CPU+FPGA的临近空间信道模拟器设计[J].计算机测量与控制，2021，29（9）:161-169.

[14] 汪世财，谈东奎，谢有浩，等.基于激光雷达点云密度特征的智能车障碍物检测与跟踪[J].合肥工业大学学报（自然科学版），2019，42（10）:1311-1317.

[15] 史文乔,周胜源.基于车联网的车载信息管理系统的设计与实现[J].桂林电子科技大学学报,2014,34(6):469-473.

[16] 郭中飞.面向智能汽车的车载网络实时管理机制研究[D].合肥:合肥工业大学,2019.

[17] 薛云刚.面向应用的GPU并行技术研究[D].长沙:国防科技大学,2017.

[18] 陈劲宏,陈玮,陈舒曼.单块嵌入式GPU下对街景图像的实时分割研究[J].控制工程,2021,28(11):2165-2173.

[19] 韩栋,周圣元,支天,等.智能芯片的评述和展望[J].计算机研究与发展,2019,56(1):7-22.

[20] 黄武陵.智能车辆环境感知技术与平台构建[J].单片机与嵌入式系统应用,2016,16(8):9-13.

[21] PALLIERERR, SCHMELZ B.适用于高性能车载计算平台的自适应AUTOSAR[J].汽车与配件,2019(3):43-45.

[22] PALLIERERR, SCHMELZ B.高性能车载计算平台的自适应AUTOSAR满足未来需求[J].汽车制造业,2020(9):10-13.

[23] 赵世佳,徐可,宋娟,等.我国智能网联汽车操作系统发展的实施策略[J].科技管理研究,2020,40(9):107-111.

[24] 李洋,韩萌,王彦平,等.基于单应性变换的交通监测毫米波雷达与摄像头标定方法[C]//第十五届全国信号和智能信息处理与应用学术会议论文集.[出版地不详:出版者不详],2022:86-91,96.

[25] 寇宇.基于机器视觉的行车防碰撞预警系统[D].福州:福建师范大学,2016.

[26] 邓磊.异构融合类脑计算平台的计算模型与关键技术研究[D].北京:清华大学,2017.

[27] 纪志敏,李杰,胡陈君,等.基于FPGA与DSP的INS/BDS组合导航数据精确对准方法[J/OL].电子测量技术,2022(1):1-6[2022-02-16].http://kns.cnki.net/kcms/detail/11.2175.TN.20220124.1501.030.html.

[28] 陈英,胡艳霞,刘元宁,等.多传感器数据的处理及融合[J].吉林大学学报(理学版),2018,56(5):1170-1178.

[29] 宗长富,杨肖,王畅,等.汽车转向时驾驶员驾驶意图辨识与行为预测[J].吉林大学学报(工学版),2009,39(S1):27-32.

[30] 李升波,关阳,侯廉,等.深度神经网络的关键技术及其在自动驾驶领域的应用[J].汽车安全与节能学报,2019,10(2):119-145.

［31］杨俊成，李淑霞，蔡增玉.路径规划算法的研究与发展［J］.控制工程，2017，24（7）：1473-1480.

［32］张畅，陶青川.基于AI芯片加速的卷积神经网络的车辆检测算法［J］.现代计算机，2021（9）：76-80，98.

［33］潘峰.基于驾驶员行为特性的无人驾驶汽车控制方法研究［D］.北京：北京化工大学，2021.

［34］林庆峰，王兆杰，鲁光泉.L3级自动驾驶汽车的接管安全性评价模型［J］.汽车工程，2019，41（11）：1258-1264.

［35］林凡，张秋镇，杨峰.网联汽车智能管控云平台设计［J］.物联网技术，2020，10（9）：65-68.

［36］吕能超，王星，吴超仲，等.面向眼动仪前向视频的交通目标自动识别与匹配的方法：202110375531.9［P］.2021-07-20.

［37］葛元，张为峰，韩延涛，等.基于C-V2X的车路群体协同混合组网［J］.无线电工程，2022，52（1）：11-18.

［38］忻隆.自动驾驶汽车拟人化决策系统的关键技术研究［D］.北京：清华大学，2019.

［39］陈兵，赵秉元.统筹数据安全与发展的竞争法进路［J］.竞争法律与政策评论，2021，7：54-69.

［40］夏小涵，林晓伯，邱佳慧，等.基于LTE-V2X的大规模通信场景网络层性能测试与分析［J］.邮电设计技术，2021（10）：20-24.

［41］王敏，付建宽，宗岩，等.高级别自动驾驶汽车计算平台综述［J］.时代汽车，2021（22）：30-32.

［42］温昕.华为MDC智能驾驶计算平台：车企打开智能化大门的钥匙［J］.智能网联汽车，2022（1）：72-73.

［43］冯琦.自动驾驶车辆交叉口协调控制策略［D］.哈尔滨：哈尔滨工业大学，2017.

［44］张家旭，王志伟，郭崇，等.基于分层架构的自主代客泊车路径规划［J］.东南大学学报（自然科学版），2021，51（5）：883-888.

［45］方家鑫，刘纯武，黄芝平.基于FPGA的极化码译码实现［J］.移动通信，2021，45（6）：125-128.

［46］田野.华为打造智能汽车解决方案［J］.智能网联汽车，2022（1）：68-69.

［47］本刊编辑部.华为发布AI处理器昇腾910［J］.办公自动化，2019，24（19）：25.

[48] 刘先平.基于嵌入式技术的方位远探测声波成像测井仪调试台架研究[D].北京：中国石油大学，2016.

[49] 薛俊杰，周军华，施国强，等.产品协同设计中异构模型数据融合的有效策略[J].北京航空航天大学学报，2021（4）：1-11.

[50] 李静之.纯电动四轮独立驱动汽车整车控制器开发[D].南京：东南大学，2018.

[51] 刘平，杨嘉陵，李振鹏，等.一种面向电动汽车控制的AUTOSAR可运行实体-任务映射方法[J].重庆理工大学学报（自然科学），2021，35（5）：26-32.

[52] 段续庭，周宇康，田大新，等.深度学习在自动驾驶领域应用综述[J].无人系统技术，2021，4（6）：1-27.

[53] 周琛.面向CPU/GPU混合架构的地理空间分析负载均衡并行技术研究[D].南京：南京大学，2018.

[54] 裴威，李战怀，潘巍.GPU数据库核心技术综述[J].软件学报，2021，32（3）：859-885.

[55] 马艳伟.性能约束下的负载均衡策略[D].保定：河北大学，2018.

[56] 纪志敏，李杰，胡陈君，等.基于FPGA与DSP的INS/BDS组合导航数据精确对准方法[J/OL].电子测量技术，2022（1）：1-6[2022-02-16].http://kns.cnki.net/kcms/detail/11.2175.TN.20220124.1501.030.html.

[57] 靖沛.基于AURIX的六缸高压共轨柴油机ECU硬件系统研究与设计[D].昆明：昆明理工大学，2021.

[58] 靳泽.相控阵雷达波控系统研究[D].北京：北京交通大学，2021.

[59] 张玉新，何文钦，陈虹，等.自动驾驶汽车安全技术专利分析综述[J].中国科学：信息科学，2020，50（11）：1732-1755.

[60] 荣芩，吴晓东，许敏.基于ISO标准的道路车辆线控转向系统的功能安全概念设计[J].汽车安全与节能学报，2018，9（3）：250-257.

[61] 陈晨，刘文军，浦信，等.基于云数据中心的电动汽车服务平台设计与实现[J].电脑知识与技术，2019，15（6）：275-276.

[62] 洪耀球，占俊.基于嵌入式技术的激光器自动控制系统[J].激光杂志，2021，42（11）：168-172.

[63] 郑雪芹.帮助车企"造好车"，华为定位"增量"部件供应商[J].汽车纵横，2020（8）：57-58.

[64] 温昕.华为MDC智能驾驶计算平台：车企打开智能化大门的钥匙[J].智能网联汽车，2022（1）：72-73.

[65] 杨茂保，徐利亚，葛明珠，等.车载网中一种低延时的广播路由[J].汽车技术，2018（12）：13-18.

[66] 许亚杰. 瞄准 2022 的靶心智能汽车还要深挖潜力［N］. 中国青年报，2021-12-30（11）.

[67] 郭美晨，杜传忠. ICT 提升中国经济增长质量的机理与效应分析［J］. 统计研究，2019，36（3）：3-16.

[68] 陈虹，郭露露，宫洵，等. 智能时代的汽车控制［J］. 自动化学报，2020，46（7）：1313-1332.

[69] 乔良，鲍泓，郑颖. 无人驾驶汽车决策控制技术研究：基于驾驶态势图[C]// 中国计算机用户协会网络应用分会. 2017 年第二十一届网络新技术与应用年会论文集［出版地不详：出版者不详］，2017：293-296.

[70] 石晏丞，李军. 汽车自动驾驶领域的传感器融合技术［J］. 装备机械，2021（3）：1-6，12.

[71] 刘浩然，范伟伟，徐永胜，等. 基于无人机激光雷达点云数据的单木分割研究［J］. 中南林业科技大学学报，2022（1）：45-53.

[72] 郭熙，胡广地，杨雪艳. 雷达与视觉特征融合的车辆检测方法［J］. 物联网技术，2022，12（2）：7-11，15.

[73] 彭湃，耿可可，殷国栋，等. 基于传感器融合里程计的相机与激光雷达自动重标定方法［J］. 机械工程学报，2021，57（20）：206-214.

[74] 王汝言，梁颖杰，崔亚平. 车辆网络多平台卸载智能资源分配算法［J］. 电子与信息学报，2020，42（1）：263-270.

[75] 佟刚，王涛，吴志勇，等. 高精度倾角传感器在测量车载平台变形中的应用［J］. 光学精密工程，2010，18（6）：1347-1353.

[76] 马万经，郝若辰，戚新洲，等. 车路协同环境下交通业务服务系统设计与开发［J］. 交通运输研究，2020，6（3）：74-83.

[77] 黄志贤，王宜怀，程宏玉. 嵌入式设备的增量式远程更新系统设计［J］. 现代电子技术，2020，43（22）：157-160，164.

[78] 李青，朱晓冉，郭建. AUTOSAR OS 存储保护机制的形式化验证框架［J］. 计算机工程，2017，43（1）：79-85.

[79] 邱天时，朱元，吴志红，等. 兼容 ROS 的自适应 AUTOSAR 面向服务通信研究［J］. 长江信息通信，2021，34（4）：1-5.

[80] 彭涛，方锐，刘兴亮，等. 基于典型事故场景的雪天高速换道自动驾驶策略研究［J］. 吉林大学学报（工学版），2022（2）：1-11.

[81] 符丹丹，田彬，程惠敏. 车载以太网控制器物理层测试［J］. 汽车电器，2021（10）：65-67.

[82] 陈长伟. 并发双频通信发射机失真补偿技术研究[D]. 成都：电子科技大学，2020.

[83] 赵福全，刘宗巍，郝瀚，等. 汽车产业变革的特征、趋势与机遇[J]. 汽车安全与节能学报，2018，9(3):233-249.

[84] 刘宗巍，张保磊，赵福全. 面向智能制造的汽车企业c2B模式实施策略[J]. 科技管理研究，2019，39(23):123-130.

[85] 刘宗巍，马雨晴，郝瀚，等. 微型短途电动汽车产品电池类型选择的成本量化对比研究[J]. 汽车工程学报，2018，8(3):157-167.

[86] 李芳，张俊智，王丽芳，等. 电动汽车动力总成系统控制器局域网(CAN)总线通信协议[J]. 机械工程学报，2008(5):102-107.